外语实用口语三百句系列(之十四)

WAIYU SHIYONG KOUYU SANBAIJU XILIE

意大利语三百句

ITALIANO 300

王建花　编著

北京大学出版社

·北京·

图书在版编目(CIP)数据

意大利语三百句/王建花编著.—北京：北京大学出版社，1999.5

ISBN 978-7-301-04096-6

Ⅰ.意… Ⅱ.王… Ⅲ.意大利语—口语 Ⅳ.H772.94

中国版本图书馆 CIP 数据核字(1999)第 07945 号

书　　　名：意大利语三百句
著作责任者：王建花
责 任 编 辑：沈浦娜　spn@pup.pku.edu.cn
标 准 书 号：ISBN 978-7-301-04096-6/H·0452
出 版 发 行：北京大学出版社
地　　　址：北京市海淀区成府路 205 号　100871
网　　　址：http://www.pup.cn
电 子 信 箱：zpup@pup.pku.edu.cn
电　　　话：邮购部 62752015　发行部 62750672
　　　　　　出版部 62754962　编辑部 62752028
印　刷　者：北京大学印刷厂
经　销　者：新华书店
　　　　　　787 毫米×1092 毫米　32 开本　9 印张　167 千字
　　　　　　1999 年 10 月第 1 版　2009 年 9 月第 8 次印刷
定　　　价：14.00 元

出 版 前 言

随着我国改革开放的深入，我国的对外交往日益频繁。为适应广大读者在较短的时间内学会一种或几种外语基本会话的迫切需要，北京大学出版社组织了有教学经验的专家教授编写了这套“外语实用口语三百句系列”丛书。

“外语实用口语三百句系列”主要是为无外语基础而又希望在较短的时间内学会最基础的外语会话而编写的。本系列根据成人教育的特点，将各书的内容分为两部分：第一部分介绍基本语音和基础语法；第二部分是 30 课基本课文，每课设 10 句基本句，每 10 句构成一个单元，组成一个情景。全书共设 300 句基本句，再加上少而精的情景会话与替换练习，内容涉及到日常生活及对外交际的各个方面，如问候访友、交通邮电、购物娱乐、住宿用餐、银行海关、经贸商务等。该系列第一批书涉及到的语种有：英语、法语、德语、西班牙语、俄语、日语、越南语、缅甸语、印尼语、韩国语、阿拉伯语、泰国语、葡萄牙语、意大利语等 14 个语种。根据我们的设想还将继续编写希腊语、希伯莱语、马来语等语种的口语 300 句读物。北京大学音像出版社聘请了外国语言专家和外语口语老师为该系列各语种配制了口语音带，并将有选择地制作教学像带，供广大读者选用。

本系列由张文定同志策划，先后参与本系列写作体系设计的有张文定、胡双宝、李谋、姚秉彦、韩德英、杜若明、沈浦娜、郭力等同志。由于各语种涉及的国家和地区的经济状况、文化背景不同，因此，该系列各书除体例基本相同外，基本句、情景会话、替换练习及附录的内容不尽相同。

编写系列的、多语种的简明实用的外语口语读物对我们来说是一个尝试，我们欢迎广大读者提出批评意见，以便在再版时修订，来信可直接寄与各册的责任编辑。

北京大学出版社

编者的话

近年来，我国与意大利在政治、经济、贸易、科技和文化等方面的友好交往日趋增多。许多赴意大利工作、学习、技术培训或旅居的中国读者迫切希望在短期内学些简单、实用的意大利语日常生活会话。为满足众多自学者的需要，我们特编写并录制了这本《意大利语三百句》。本书侧重于生活口语，语言浅近，题材多样，句型生动实用。自学者借助此书，可以应付在意大利的一些必不可少的日常交际活动。

全书分“意大利语基本知识”、“课文”和“附录”三部分。课文共有三十篇，以三十个生活题材展开对话，再现了日常生活场景。每课课文一般分句子、替换练习、会话、词汇表、不规则动词变位和注释六个部分。附录部分包括“人称代词表”，“指示形容词表”，“定冠词表”，“数词表”，“意大利急用电话号码”，“意大利主要参观旅游景点”等十六个语法类表和日常生活中需要的信息类表。

在编写本书的过程中，意大利友人阿戴利诺·嘎斯巴里尼(Adelino Gasparini)先生审阅了本书的意大利语部分；本书的责任编辑北京大学出版社的郭力女士、沈浦娜女士和上海外国语大学的意大利语教授张世华老师为出版本书给予了热情的关心和帮助。本书磁带是由在华工作的意大利老师 Cecilia

Manfredi 和 Mauro Marescialli 录制的，他们对本书的内容也提供了许多建设性的意见。在此向他们表示衷心的感谢。

希望这本小书对您有所帮助。由于编者水平有限，书中疏漏谬误之处在所难免，恳请广大读者和专家提出批评指正。

王建花

1998 年 6 月

外语实用口语三百句系列图书

书　　名	作　者	录音带
英 语 三 百 句	孙亦丽	2 盘
法 语 三 百 句	王庭荣	2 盘
德 语 三 百 句	佟秀英	2 盘
西班牙语三百句	王平媛	2 盘
俄 语 三 百 句	单荣荣	2 盘
日 语 三 百 句	刘金才	2 盘
越 语 三 百 句	马克承	2 盘
缅 语 三 百 句	李　谋等	2 盘
印 尼 语 三 百 句	梁敏和	2 盘
韩 国 语 三 百 句	张　敏	2 盘
泰 语 三 百 句	傅增有	2 盘
阿拉伯语三百句	李生俊	2 盘
葡萄牙语三百句	王玉红等	2 盘
意大利语三百句	王建花	2 盘

本系列图书均各配有录音带两盒，每盒 8.00 元，请各地读者到当地新华书店或到我社声像部联系购买。

地址：北京中关村北京大学出版社大楼

邮码：100871

电话：62752035

传真：62752029

目　录

意大利语基础知识

I. 字母表 ………………………………………… (1)
II. 外来字母表 ……………………………………… (1)
III. 发音……………………………………………… (2)
IV. 书写规则 ……………………………………… (10)
V. 动词变位 ……………………………………… (10)
VI. 基本句型 ……………………………………… (14)

课　文

Lezione 1　Buongiorno, signore! ………… (21)
第一课　您好,先生!
Lezione 2　E' in casa il signor Merloni? … (29)
第二课　梅洛尼先生在家吗?
Lezione 3　Lei come si chiama? ………… (37)
第三课　您叫什么名字?
Lezione 4　Parla italiano? ……………… (45)
第四课　您讲意大利语吗?
Lezione 5　Buona fortuna! ……………… (53)
第五课　祝您好运!
Lezione 6　Arrivederci! ………………… (62)
第六课　再见!

Lezione 7 E' lontana la stazione? ········ (72)
第七课 火车站远吗?
Lezione 8 Chiamiamo un tassì! ··········· (81)
第八课 我们叫一辆出租车吧!
Lezione 9 Quante persone ha la sua famiglia? ················ (89)
第九课 您家有几口人?
Lezione 10 Quanti anni ha? ················ (96)
第十课 您多大年纪了?
Lezione 11 Che tempo fa oggi? ··········· (104)
第十一课 今天天气怎么样?
Lezione 12 Che giorno è oggi? ··········· (110)
第十二课 今天星期几?
Lezione 13 Che ora è? ···················· (117)
第十三课 几点了?
Lezione 14 Pronto, con chi parlo? ········ (124)
第十四课 喂,您是哪位?
Lezione 15 Dov'è l'ufficio postale più vicino? ··················· (135)
第十五课 最近的邮局在哪儿?
Lezione 16 Quando sarà pronto il mio visto? ···················· (142)
第十六课 我的签证何时能办好?
Lezione 17 Vorrei una camera singola ······ (149)
第十七课 我要一个单人房间
Lezione 18 Preferisci la carne o il pesce? ······················ (157)

第十八课　你喜欢吃肉还是吃鱼?

Lezione 19　Andiamo a prendere un caffè ! ……………………（164）

第十九课　我们去喝杯咖啡吧!

Lezione 20　Vorrei aprire un conto corrente …………（170）

第二十课　我想开一个账户

Lezione 21　Ha qualcosa da dichiarare ? …（176）

第二十一课　您有什么要申报的吗?

Lezione 22　Desidero farmi tagliare i capelli ……………………（183）

第二十二课　我想理发

Lezione 23　Vorrei un rullino a colori ……（190）

第二十三课　我要一卷彩色胶卷

Lezione 24　C'è un volo per Parigi ? ……（196）

第二十四课　有去巴黎的航班吗?

Lezione 25　Qui vicino c'è un distributore di benzina ? ………………（204）

第二十五课　这儿附近有加油站吗?

Lezione 26　A te piace lo sport ? …………（211）

第二十六课　你喜欢体育吗?

Lezione 27　Ho mal di testa ………………（218）

第二十七课　我头疼

Lezione 28　Mi dia le medicine indicate in questa ricetta ……………（225）

第二十八课　请按这张药方给我配药

Lezione 29　Vorrei una camicetta di seta …(231)
第二十九课　我要买一件真丝女衬衣
Lezione 30　Non potrebbe concedermi uno sconto？……………(243)
第三十课　不能给我打点折扣吗？

附　录

附录一　语法略语表 ……………………(251)
附录二　人称代词表 ……………………(252)
附录三　指示形容词表 …………………(252)
附录四　物主形容词表 …………………(253)
附录五　定冠词表 ………………………(253)
附录六　前置词冠词化表 ………………(254)
附录七　称谓表 …………………………(255)
附录八　数词表 …………………………(256)
附录九　意大利主要城市名缩写、邮政编码和直拨电话区号 …………………(258)
附录十　意大利大区名和首府名 ……(261)
附录十一　意大利急用电话号码 ………(262)
附录十二　中国驻意大利和意大利驻中国大使馆、领事馆地址和电话号码 …(262)
附录十三　外国人居留意大利申请表 …(264)
附录十四　意大利部分机构和大学名称 ……………………(266)
附录十五　意大利的主要节日 …………(268)
附录十六　意大利主要旅游参观景点 …(272)

意大利语基本知识

I. 字母表

字母			字母		
印刷体	名称	音标	印刷体	名称	音标
A a	a	[a]	N n	enne	[n]
B b	bi	[b]	O o	o	[ɔ, o]
C c	ci	[k, tʃ]	P p	pi	[p]
D d	di	[d]	Q q	cu	[k]
E e	e	[ɛ, e]	R r	erre	[r]
F f	effe	[f]	S s	esse	[s, z]
G g	gi	[g, dʒ]	T t	ti	[t]
H h	acca	不发音	U u	u	[u]
I i	i	[i]	V v	vi, vu	[v]
L l	elle	[l]	Z z	zeta	[ts, dz]
M m	emme	[m]			

II. 外来字母表

字母			字母		
印刷体	名称	音标	印刷体	名称	音标
J j	i lunga	[j, dʒ]	X x	ics	[ks]
K k	cappa	[k]	Y y	ipsilon 或 i greca	[i][j]
W w	vu doppia	[w, v]			

III. 发音

意大利语共有 21 个字母，其中元音字母 5 个，即：a, e, i, o, u，辅音字母有 16 个，即：b, c, d, f, g, h, l, m, n, p, q, r, s, t, v, z，其中，“h”是哑音。除此之外，还有五个外来字母，即：j, k, w, x, y，它们主要用于外来词，或外国人名、地名中。为了便于读者自学，本书对每个音素的发音标上了音标。但是，意大利语有其发音的特殊性，很难能用音标标出其精确的读音。事实上，在意大利语词典中也不使用音标。

1. 元音

五个元音的发音部位：

A [a]　是非圆唇中低元音。发音时，口张大，舌身自然平放，舌尖不触下齿，气流从咽喉冲出，集中在口腔中部。

E [ɛ, e]　是非圆唇中前元音。发音时，舌尖抵下齿，舌前部抬至口腔高度的中线，牙床呈半开与半合之间，上下齿间可容纳一个手指，双唇稍向两旁咧开，成扁平形，气流集中在口腔前部。“e”有开音和闭音，发开音时，开口程度较大，发闭音时，开口程度较小。

I [i]　是非圆唇高前音。发音时，舌尖抵下齿，舌前中部向硬颚抬起，牙床接近于合，嘴角向两边拉开，呈扁平形，气流集中在口腔前部。

O [ɔ, o]　是圆唇中后元音。发音时，舌尖离开下齿，舌向后缩，舌后部抬起，双唇稍收圆，略向前突，气流集中在口腔后部。“o”有开音和闭音，发音时，开音比闭音的口腔张开的程度要大些。

U [u] 是圆唇高后元音。发音时，舌尖离开下齿，舌身向后缩，舌后部向软颚抬起，双唇收圆，并向前突出，气流集中在口腔后部。

2. 辅音

意大利语辅音分为清辅音和浊辅音。清辅音在发音时不振动声带，而浊辅音在发音时要振动声带。不论是否振动声带，它们在发音时，气流在口腔内形成阻碍的部位和方式完全相同。

辅音按其发音部位，可以分为以下几类：唇音，齿音，齿龈音，硬颚音和软颚音。辅音的发音部位如下：

P, B [p] [b] 是双唇塞辅音。发音时，双唇紧闭，阻塞气流通过，然后气流突然冲出口腔。声带不振动的是清辅音，声带振动的是浊辅音。

例如：pa, pe, pi, po, pu, pasta, penna, pipa, pollo, puro;

ba, be, bi, bo, bu, babbo, bello, birra, bollo, buco。

T, D [t] [d] 是舌尖齿龈塞辅音。发音时，舌尖抵住上齿龈，形成阻塞，然后气流突然冲开阻塞，爆破而出。声带不振动的是清辅音，声带振动的是浊辅音。

例如：ta, te, ti, to, tu, tabella, tetto, tipo, tono, tutto;

da, de, di, do, du, dato, decina, difesa, dopo, dùbbio。

F, V [f] [v]　是唇齿擦辅音。发音时,上齿咬着下唇,气流由唇齿间的缝隙通过摩擦成音。"F"是清辅音,"V"是浊辅音。

例如:fa, fe, fi, fo, fu, fame, felice, fine, folla, fumo;

va, ve, vi, vo, vu, vasto, dove, vita, voglia, vulcano。

S [s, z]　是舌尖齿龈摩擦辅音。发音时,舌尖靠拢齿龈,唇角向两旁稍咧,舌前部和硬颚之间形成窄缝,气流从舌齿间的缝隙通过,摩擦成音。"s"根据其在单词中的不同位置有时发清音[s],有时发浊音[z]。当"s"位于两个元音之间或"s"为词首,后面跟浊辅音"b, d, g, v, l, m, n, r"时,发浊音。除此,"s"一般发清音。

例如:清音:sa, se, si, so, su, sala, testa, sasso, sicuro, forse, scuola;

浊音:rosa, svizzero, chiesa, smalto, naso, sbarco, sgabello。

Z [ts, dz]　是舌尖齿龈塞擦辅音。发音时,舌尖贴住上齿龈,形成阻塞,然后舌头稍下降,气流从舌尖和上齿之间的缝隙泻出。"z"的发音有清辅音和浊辅音,但是没有固定的规则。

例如:清音:mazzo, zappa, nozze, polizia, marzo;

浊音:zero, zucchero, zona, dozzina, azzurro。

C, G, Q [k, tʃ] [g, dʒ] [K] “c”和“g”各有两种发音,即舌根音和舌前塞音。发音时,舌后部靠拢软颚部,形成阻碍,然后气流突然从口腔爆破而出。“c”和“g”在元音“e”和“i”前面发[tʃ]和[dʒ]音。“c”是清辅音,“g”是浊辅音。例如:

舌根音: ca, che, chi, co, cu, casa, amiche, chicco, cosa, culla, chimica;
ga, ghe, ghi, go, gu, gallo, larghe, ghiaccio, gonna, gusto。

舌前塞音: ce, ci, cinema, cento, cielo, camicia, fanciulla, cioccolata;
ge, gi, gita, gente, giacca, gioco, gesso, maggio, giallo, oggi。

辅音“q”总是和元音字母“u”连在一起出现,它的发音和“cu”相同。(注意前者 u 发半元音,后者 u 发元音)

例如:qua, que, qui, quo, quale, questo, quinto, quanto, quota, aquila。

M [m] 是双唇鼻浊辅音。发音时,双唇闭紧,形成阻碍,气流从鼻腔泻出,振动声带。

例如:ma, me, mi, mo, mu, mamma, meno, amico, monte, municipio。

N [n] 是舌尖齿龈鼻浊辅音。发音时,双唇自然张开,舌尖紧贴上齿龈,软颚下垂,压住舌部,形成阻碍,气流从鼻腔泻出,声带振动。

例如:na, ne, ni, no, nu, banana, negozio,

neve, nicotina, nome, nulla。

L [l] 是舌尖齿龈边擦浊辅音。发音时,舌尖接触上齿龈,软颚下降,气流从舌的两侧泻出,声带振动。如果在“l”的后面没有元音字母,发音时,舌尖轻触上齿龈,让气流从舌跟两侧稍出来一点,然后把舌恢复到原位。

例如:la, le, li, lo, lu, lana, mille, lino, legge, bello, lupo, limone, nulla;

“l”后面没有元音字母:alba, alto, pompelmo, polvere, calcio, delta。

R [r] 是舌前硬颚颤动辅音。发音时,舌尖上抬,与上齿龈接触,气流从舌尖流出,舌尖随气流轻微颤动,声带振动。

例如:ra, re, ri, ro, ru, rana, recare, ricco, rosso, rupe, grande, tratto, prete, porta, albergo, barca, freddo, gara, orario, crisi, dritto。

3. 二重元音

五个元音中有三个是强元音:a, e, o,两个是弱元音:i, u。二重元音由一个强元音和一个弱元音或两个弱元音组成。二重元音发音时,舌前部向硬颚抬起,双唇向两旁伸展,成扁平形,读完第一个元音时,迅速向第二个元音滑动,发成一个不可分的音。当二重元音是重读音节时,重音落在强元音上。由两个弱元音组成的二重元音,大多数重音落在“u”上。

例如：piano, niente, Europa, uovo, aula, bionda, uomo, aria, italiano, odio, chiodo, amai, pausa, cuore, guida, chiuso, giudice, giusto, grembiule。

4. 三重元音和四重元音

在意大利语中，有时会遇到三重元音和四重元音。但是，这种情况很少。发音时，由一个元音迅速向另两个或另三个元音滑动。

例如：buoi, miei, operaio, tuoi, inquieto, guai, aiuola。

5. 辅音群

辅音群在发音时要发得紧凑，辅音之间不能有间隔，也不能夹杂别的音素。在意大利语中，有的辅音群只发一个音。例如：

SC [ʃ] 发音时，双唇向前突出，成圆形，然后向后拉，舌前部抬起，贴着硬颚，气流通过舌前部与硬颚之间的缝隙从口腔冲出，发出擦音。"sc"与元音"i"和"e"结合时，发/ʃ/ 音，和其它字母结合，则发 /sk/ 音。

例如：发/ʃ/音：scia, sce, sci, scio, sciu, sciarpa, scena, sciroppo, sciocco, asciugamano, piscina, scelto, scialle, conoscere。

发/sk/音：scala, scheda, schiaffo, scopo, scusa, scarico, scherzo。

GL [ʎ] 发音时，舌尖抵下齿龈，舌面中部向上抬起贴住硬颚，气流通过舌身与两侧臼齿之间形成的缝隙泻出，摩擦发音，声带振动。“gl”跟元音“i”或“i”开头的二重元音在一起发/ʎ/音；在元音“a, e, o, u”前面，要写成“gli”，也发/ʎ/音，否则要发/gl/音。

例如：发/ʎ/音：glia, glie, gli, glio, gliu, maglia, glielo, fogli, figlio, luglio, moglie, famiglia, meglio。

发/gl/ 音：inglese, gloria, glutinoso, globo。

GN [ɲ] 发音时，舌尖抵下齿龈，舌面向上抬起至硬颚，形成缝隙，气流从鼻腔泻出，声带振动。

例如：gna, gne, gni, gno, gnu, campagna, lavagne, ogni, gnocco, ognuno。

除了这几组辅音群，常见的辅音群还有“p, b, t, d, c, g, f, v”前加“s”或在它后面加“r”，在“p, b, c, g, f, s”后面加“l”，在“p”后面加“n”，以及在“s”后面加“m, n”等。

6. 语调

1）意大利语陈述句一般采用平调，从第一个重读音节到最后一个重读音都保持同一高度，最后一个音节逐渐下降。

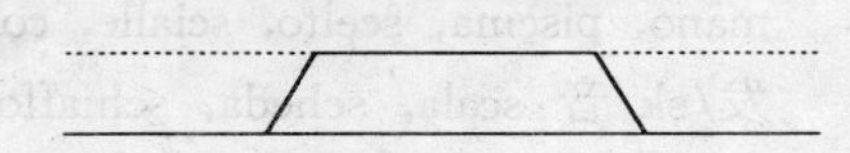

Mario è un ingegnere.

2）特殊疑问句都以疑问词开头。疑问词重读，声调要升高，然后逐渐下降，以降调收尾。

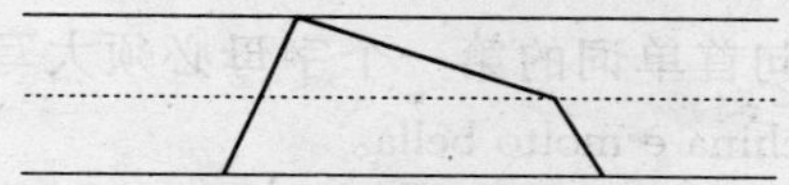

Come è andato il viaggio?

3）一般疑问句不带疑问词。其语调在开头时较高，句中语调降低，但句中要强调的词的声调也要提高，最后以声调收尾。

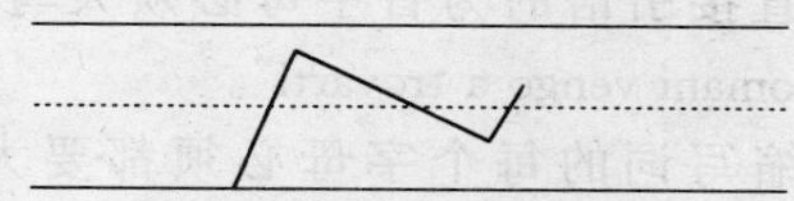

Posso offrirti un caffè?

4）感叹句是先上升，然后从最后一个重读音节开始下降。

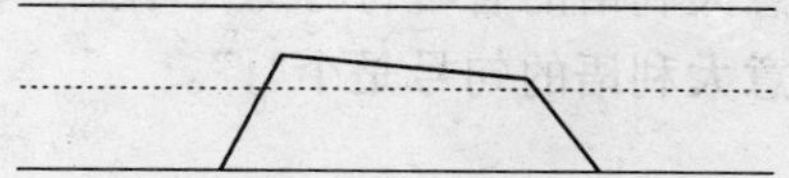

Che bella giornata!

5）列举成分的句子的语调：逗号之前稍加停顿，语调平直。在最后两个列举成分之间的连词"e"之前，语调开始上升，最后以降调收尾。

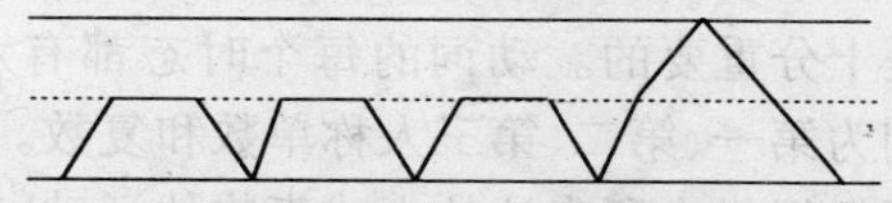

Siamo in cinque: mio padre, mia madre, i miei nonni ed io.

IV. 书写规则

1. 句首单词的第一个字母必须大写。如：La sua macchina è molto bella。

2. 专有名词的第一个字母必须大写。如：Cina, Italia, Milano, Mario, Dio, Madonna。

3. 节日的名称第一个字母必须大写。如：Natale, Pasqua。

4. 直接引语的为首字母必须大写。如：Mi disse:"Domani vengo a trovarti"。

5. 缩写词的每个字母必须都要大写。如：FIAT, CEE, ONU。

6. 罗马数字必须大写。如：V, VIII, X, XVI。

7. 意大利语的省略符号为三个点"..."。

8. 意大利语的句号是个"."。

V. 动词变位

意大利语动词的语法变化非常复杂，包括它的式、时态、人称等，是外国人学习意大利语的最大难点。由于动词是句子的核心，所以，掌握好动词的变位是十分重要的。动词的每个时态都有六个人称，分别为第一、第二、第三人称单数和复数。每个动词都要根据句中所表达的人或事物的运动、变化、状态和情感而选择使用的动词的式和时态进行变位。

意大利语的原形动词大多数以 -are, -ere 和 -ire 结尾。以 -are 结尾的动词属于第一变位法；以 -ere

结尾的动词属于第二变位法；以-ire 结尾的动词属于第三变位法。动词的变位分为规则变位和不规则变位两大类。

陈述式是一个常用的式，它有八个时态。由于篇幅有限，在这儿，我们仅向读者介绍陈述式现在时和陈述式近过去时的变位。意大利语单词的重音一般落在倒数第二个音节上，然而，陈述式现在时复数第三人称的重音则一般落在倒数第三个音节上。以-ire结尾的动词陈述式现在时规则变位有两种变位形式。

1．规则动词的陈述式现在时的变位如下：

第一变位法		第二变位法	第三变位法	
	parlare（讲）	vivere（生活）	partire（离开）	finire（结束）
io	parlo	vivo	parto	finisco
tu	parli	vivi	parti	finisci
lui, lei	parla	vive	parte	finisce
noi	parliamo	viviamo	partiamo	finiamo
voi	parlate	vivete	partite	finite
essi, loro	parlano	vivono	partono	finiscono

2．陈述式现在时不规则变位动词，常用的有：

<u>avere（有）</u>：ho, hai, ha, abbiamo, avete, hanno;

<u>essere（是）</u>：sono, sei, è, siamo, siete, sono;

<u>fare（做）</u>：faccio, fai, fà, facciamo, fate, fanno;

<u>andare（去）</u>：vado, vai, va, andiamo, andate, vanno;

<u>venire（来）</u>：vengo, vieni, viene, veniamo, ve-

nite, vengono;

uscire(出去): esco, esci, esce, usciamo, uscite, escono;

dire(说): dico, dici, dice, diciamo, dite, dicono;

dare(给): dò, dài, dà, diamo, date, danno;

bere(喝): bevo, bevi, beve, beviamo, bevete, bevono;

volere(想): voglio, vuoi, vuole, vogliamo, volete, vogliono;

potere(能): posso, puoi, può, possiamo, potete, possono;

dovere(必须): devo, devi, deve, dobbiamo, dovete, devono;

sapere(会): so, sai, sa, sappiamo, sapete, sanno;

rimanere(留下): rimango, rimani, rimane, rimaniamo, rimanete, rimangono;

tradurre(翻译): traduco, traduci, traduce, traduciamo, traducete, traducono;

salire(登上): salgo, sali, sale, saliamo, salite, salgono;

tenere(拿着): tengo, tieni, tiene, teniamo, tenete, tengono;

porre(放;提出): pongo, poni, pone, poniamo, ponete, pongono。

总之,规则动词的简单时态的变位,都是去掉动词的词根-are，-ere，-ire，加上一定规则变位的词尾而构成。不规则动词则必须按其特定的规则进行变位。

3．陈述式近过去时（或称为：陈述式现在完成时）

陈述式近过去时是一个复合时态。在意大利语中复合时态是由助动词加上动词的过去分词构成。意大利语常用的助动词有两个，即“avere”和“essere”。及物动词用“avere”作助动词，绝大多数不及物动词用“essere”作助动词，有一小部分的不及物动词也用“avere”作助动词。总之，凡是用“essere”作助动词的动词的过去分词的词尾要与主语的性和数相一致。

例如：Lei è stata a Roma，signora？夫人，您去过罗马吗？

Loro sono arrivati ieri．他们是昨天到的。

Oggi non abbiamo ancora visto Maria．今天我们还没见到玛丽娅。

陈述式近过去时是由动词“avere”和“essere”的陈述式现在时加上动词的过去分词构成。

1）规则动词过去分词的构成

以-are结尾的规则动词变过去分词：-ato 例如：parlare － parlato；

以-ere结尾的规则动词变过去分词：-uto 例如：temere － temuto；

以-ire结尾的规则动词变过去分词：-ito 例如：

finire – finito。

2）不规则动词过去分词的构成，常见的有：

essere-stato； rimanere-rimasto； venire-venuto； prendere-preso；fare-fatto； dire-detto； leggere-letto； vedere-visto； aprire-aperto；chiudere-chiuso； chiedere-chiesto； bere-bevuto； stare-stato；porre-posto； tradurre-tradotto； scrivere-scritto； rispondere-risposto。

VI. 基本句型

意大利语的句子一般分为两大类，即简单句和复合句。简单句一般只有一个变位动词，而复合句可以有多个变位动词。

1. 简单句

1）陈述句

陈述句用来陈述事情或肯定事实，对谓语所表明的性质、动作或现象持肯定态度。有时，为了加强其肯定性，句子中也可以加表示肯定的副词或短语。这类句子，动词一般使用陈述式。

例如：Devo andare via. 我得走了。

Mario viene da me stasera. 今天晚上马里奥到我这儿来。

Finalmente ti ho capito. 我终于理解你的意思了。

2）否定句

否定句用来否定事实，对谓语所表明的性质、动作或现象持彻底否定的态度。这类句子一般在动词前加否定词“non”或其它表示否定意思的词，如：nessuno，niente，nulla等。

例如：Non parlo italiano. 我不讲意大利语。

Nessuno me l'ha detto. 没有人告诉我这事。

Non gli ho dato la chiave. 我没有把钥匙给他。

Nulla potrà convincerla a cambiare idea. 什么也不能让她改变主意。

3）怀疑句

怀疑句表示怀疑，对其谓语表示的性质、动作和现象持不肯定或怀疑的态度，动词可以用陈述式将来时和条件式简单时态，也可以用“forse，probabilmente，possibilmente”等副词。

例如：Saranno già partiti. 可能他们已经出发了。

Forse mi hai già capito. 也许你已经理解了我的意思。

Forse lo conosci anche tu. 也许你也认识他。

Probabilmente veniamo anche noi. 可能我们也来。

Quel signore avrà sessant'anni. 那位先生大概有六十岁。

Chi oserebbe dirgli di no? 谁敢对他说不呢？

4）愿望句

愿望句表示愿望，句子中的动词一般用虚拟式。

例如：Che arrivi presto la primavera! 但愿春天早日到来！

Che si rimetta presto in salute! 但愿他早日恢复健康！

Viva la patria! 祖国万岁！

Oh, se tu fossi qui! 啊，要是你在这儿就好了！

Magari fosse vero quello che tu dici!
要是你说的那些是真的就好啦！

5）疑问句

疑问句表示疑问，对谓语表明的性质、动作和现象提出问题或疑问。句尾使用问号。

例如：Hai letto il giornale di oggi? 你看过今天的报纸了吗？

Perché non parli? 你为什么不说话？

6）感叹句

感叹句表示对事和物的感叹，句尾用惊叹号。

例如：Come è bella la tua casa！你的家多漂亮啊！

Che silenzio c'è qui！这儿多安静啊！

2. 复合句

有两个以上变位动词的句字称为复合句。复合句分为并列复合句和主从复合句，其分类如下：

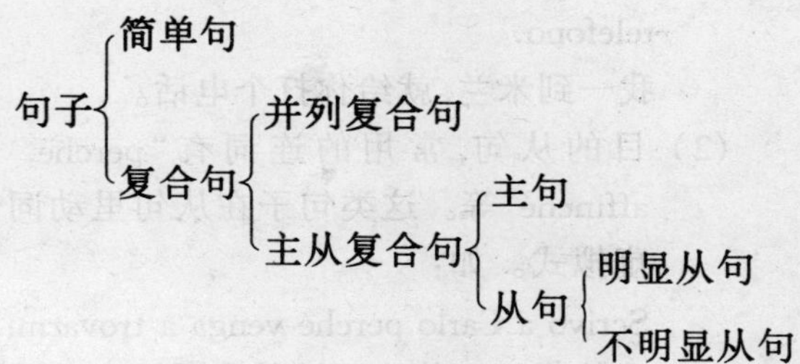

1）并列复合句

（1）联系并列句，连接词用“e”。如：

L’Italia è un bel paese e ha una splendida cultura.

意大利是一个美丽的国家，而且她拥有光辉灿烂的文化。

（2）选择并列句，连接词用“o”。如：

Vuoi prendere il caffè o preferisci un tè?

你想要咖啡还是要茶？

（3）转折并列句，连接词用“però，ma”等。如：

Quel ragazzo è alto，però non è robusto.

那个小伙子很高，但是长得不结实。

2）主从复合句主要有以下几种：

（1）时间从句，常用的连词有“quando，mentre，appena，dopo che，prima che”等。如：

Mentre facevo i compiti，Maria ascoltava la musica.

当我做作业时，玛丽娅在听音乐。

Te lo dirò quando ci vedremo.

当我们见面时，我把这事告诉你。

Appena sarò a Milano ti farò un colpo di

telefono.

我一到米兰，就给你打个电话。

(2) 目的从句，常用的连词有"perché, che, affinché"等。这类句子在从句里动词使用虚拟式。如：

Scrivo a Carlo perché venga a trovarmi.

我给保罗写信为了让他来看我。

Ti dico questo affinché tu mi dia un consiglio.

我把这告诉你是让你给我提点建议。

(3) 条件从句，常用的连词有"se"。如：

Se hai tempo vieni a trovarmi.

如果你有空，就来看看我。

Se domani farà bel tempo, andremo a fare una gita a Suzhou.

如果明天天气好，我们将去苏州游览。

(4) 原因从句，常用的连词有"perché, poiché, siccome"等。如：

Non posso venire con voi perché ho molto da fare.

我不能和你们一起去，因为我有许多事要做。

Poiché ha la febbre, non può venire a lezione oggi.

由于他发烧，今天不能来上课。

(5) 让步从句，常用的连词有"benché, sebbene, per quanto"等。从句里动词一般使用虚拟式。如：

Benché sia stanco, non vuole riposarsi un momento.

尽管他累了，也不想休息一下。

Per quanto si sforzasse non ci riusciva.

尽管他已尽力，但是没能成功。

(6) 直接补语从句，常用连词有"che"。如：

Paolo dice che verrà al cinema con noi.

保罗说他和我们一起去看电影。

Spero che tutto vada bene.

我希望一切都进展顺利。

(7) 关系从句，常用的关系代词有"che, cui, il quale"等。"il quale"有性和数的变化。如：

Il ragazzo che(或用：il quale) hai visto poco fa è il fratello di Elena.

你刚才看到的那位小伙子是埃莲娜的兄弟。

La città la quale(或用：che) stiamo visitando è magnifica.

我们正在参观的这座城市非常美丽。

L'aereo con cui (或用：con il quale) sono arrivato è francese.

我来这儿乘坐的那架飞机是法国飞机。

Il ragazzo di cui (或用：del quale) ti parlo spesso arriverà domani.

我经常和你说起的那位小伙子明天到。

(8) 主语从句，连词用"che"。如：

E' meglio che glielo diciamo adesso.
最好我们现在就把这事告诉他。

E' difficile che tu riesca a finire questo lavoro entro domani.
在明天之前你很难能结束这项工作。

Sembra che lui abbia già ricevuto la tua lettera.
好像他已经收到了你的信。

Si vede che Paolo è un bravo ragazzo.
看得出来,保罗是一位能干的小伙子。

(9) 明显从句与不明显从句的区别

在从句里,动词进行变位的,称为明显从句;动词不变位的,称为不明显从句。例如:

Il dottore mi ha detto di non fumare e non bere.(不明显从句)
大夫对我说不能抽烟和饮酒。

Il dottore mi ha detto che non devo fumare e bere.(明显从句)
大夫对我说,我不能抽烟和饮酒。

Lezione 1　Buongiorno, signore!

第一课　您好,先生!

I. Frasi　句子

1. Buongiorno, signore!
   您好,先生!
2. Che piacere vederLa!
   看见您真高兴!
3. Anche per me.
   我也是。
4. Come sta, signor Rossi?
   罗西先生,您好吗?
5. Bene, grazie. E Lei?
   很好,谢谢,您呢?
6. Anch'io sto bene, grazie.
   我也很好,谢谢。
7. Ciao, Paolo, come va?
   你好,保罗,近来怎么样?
8. Non c'è male[①]. E tu come stai?
   还可以,你好吗?
9. A casa tutti bene?
   家里人都好吗?

10. Tutti bene, grazie.
都很好,谢谢。

II. Esercizi sostitutivi 替换练习

1. [Buongiorno].
[您好]!

Buonasera	晚上好
Buonanotte	晚安

2. Come [sta, signor Rossi]?
[罗西先生,您]好吗?

stai, Carlo	卡罗,你
sta, Maria	玛丽娅
state	你们
stanno	他(她,您)们

3. Buongiorno, [signore].
您好,[先生]。

signora Rossi	罗西夫人
signor Paolo	保罗先生
signorina Landi	蓝迪小姐

4. Che piacere veder[La]!
看见[您]真高兴!

ti	你
vi	你们

5. E[Lei]?

[您]呢?

tu	你
voi	你们
loro	他(她,您)们

III. Dialogo 会话

A: Buongiorno, signorina Landi!

您好,蓝迪小姐!

B: Buongiorno, signora Rossi!

您好,罗西夫人!

A: Che piacere vederLa! ②

看见您真高兴!

B: Anche per me.

我也是。

A: Come sta?

您好吗?

B: Bene, grazie. E Lei?

很好,谢谢,您呢?

A: Come vede, sto benissimo.

您瞧,我好极了。

B: ArrivederLa③, signora Rossi.

再见,罗西夫人。

* * *

A: Oh! Anna, anche tu sei qui!

啊,安娜,你也在这里!

B：Ciao, Mario, che sorpresa!

你好，马里奥，真出乎意料！

A：Sono secoli che non ci vediamo.

我们好久不见面了。

B：Che piacere vederti!

见到你真高兴！

A：Sono proprio contento di vederti in buona salute.

我真高兴看见你身体这么好。

B：Come va?④

近来怎么样？

A：Non mi lamento⑤. E tu come stai?

还可以，你呢？

B：Molto bene, grazie. E come stanno i tuoi?

很好，谢谢。你家里人都好吗？

A：Tutti bene, grazie. E tuo marito?

都很好，谢谢。你丈夫好吗？

B：Bene, grazie.

很好，谢谢。

A：Come mai sei da queste parti?

你怎么会在这儿？

B：Sono qui per affari.

我在这儿是为生意上的事。

A：Tutto bene ultimamente?

近来你一切都好吗？

B：Bene, grazie. E tu?

很好，谢谢。你呢？

A：Come vedi，sto benissimo.
你瞧，我好极了。
B：Saluta tua moglie da parte mia![6]
请代我向你太太问候！
A：Grazie，Anna. Arrivederci!
谢谢，安娜。再见！
B：Ciao[7]，Mario!
再见，马里奥！

IV. Vocabolario 词汇表

signore	s. m.	先生
piacere	s. m.	高兴
vedere	v. tr.	看见
anche	cong.	也
come	avv.	怎么样，如何
bene	avv.	好
grazie	inter.	谢谢
lei	pron. pers.	您，她
io	pron. pers.	我
stare	v. intr.	是(指身体状况)
ciao	inter.	你好，再见
Paolo		保罗
andare	v. intr.	进行
male	avv. s. m.	坏，糟
casa	s. f.	家
signora	s. f.	夫人，女士

signorina s.f. 小姐

arrivederla inter. 再见

sorpresa s.f. 出乎意料的事

oh inter. 啊，哎呀

qui avv. 这儿

secolo s.m. 世纪

vedersi v.rifl. 相互见面

proprio avv. 真正地，的确

contento agg. 高兴

in prep. 处在……之中

buono agg. 好的

salute s.f. 健康状况

lamentarsi v.rifl. 抱怨

molto avv. 非常，很

tuo agg.poss. 你的

marito s.m. 丈夫

questo agg.dimostr. 这个

mio agg.poss. 我的

affare s.m. 生意，事情

ultimamente avv. 近来

tu pron.pers. 你

salutare v.tr. 问候

moglie s.f. 妻子

Mario 马里奥

Anna 安娜

tutti pron. 大家

arrivederci inter. 再见

essere　　v. intr.　　是

V. 不规则动词变位

陈述式现在时

stare:

io sto, tu stai, egli (lui, lei) sta, noi stiamo, voi state, essi (loro) stanno

essere:

io sono, tu sei, egli (lui, lei) è, noi siamo, voi siete, essi (loro) sono

VI. Note 注释

① Non c'è male. "c'è" 是动词"esserci"的单数第三人称形式，意为"有"，表示在某处有什么东西。动词变位只有单数(c'è)和复数(ci sono)第三人称两种形式，小品词"ci"要放在变位动词前面。

例如：Oggi non c'è nessuno in ufficio. 今天，办公室里没有人。

Ci sono due libri sul tavolo. 桌子上有两本书。

② Che piacere vederla! "la"是直接补语代词(您，她，它)。在意大利语中，如果代词遇到动词不定式，代词必须和动词不定式连写。连写时，去掉动词最后一个字母，写上代词即可。

③ Arrivederla! 再见！用于以"您"相称的告别语。

④ Come va? 近况怎么样?“va”是陈述式现在时单数第三人称形式，动词不定式是 andare。在本课中,指工作,学习等进行得如何。

⑤ Non mi lamento. mi lamento 是反身动词 lamentarsi 的单数第一人称形式。意大利语反身动词都是以“-si”结尾。当动词变位时“si”也要根据人称起变化,而且要放在变位动词的前面。例如:mi lamento, ti lamenti, si lamenta, ci lamentiamo, vi lamentate, si lamentano.

⑥ Saluta tua moglie da parte mia!“da parte mia”意为“代我……”。

⑦ Ciao! 你好! 再见! 只限于以“你”相称的朋友和同事之间使用。在意大利,四个人相遇打招呼时,不能四人同时交叉握手,因为意大利人认为此举为不吉祥的象征。

Lezione 2 E' in casa il signor Merloni?

第二课 梅洛尼先生在家吗?

I. Frasi 句子

11. Scusi, è in casa il signor Merloni?
请问,梅洛尼先生在家吗?
12. Sì, è in casa. Entri pure.
在家,请进来吧!
13. Scusi, abita qui la signorina Landi?
请问,蓝迪小姐住这儿吗?
14. Sì, ma è uscita a fare delle spese. ①
对,但是她出去买东西了。
15. Tornerà prima di mezzogiorno?
中午以前她能回来吗?
16. Prego, si accomodi.
您请坐。
17. Può trasmettergli un messaggio per me?
您可以替我给他传个口信吗?
18. Mi dispiace disturbarla durante il suo lavoro.
很抱歉,我打扰了您的工作。

19. Non si preoccupi, mi fa piacere che Lei sia venuto.②
没事，您的来访使我感到很高兴。

20. Per favore, le dia questo mio biglietto da visita.
请您把我的这张名片交给她。

II. Esercizi sostitutivi　替换练习

1. Scusi, è [in casa] il signor Merloni?
请问，梅洛尼先生[在家]吗？

in ufficio	在办公室
in laboratorio	在实验室

2. [Entri] pure.
[请您进来]吧！

Entra	请你进来
Entrate	请你们进来
Entrino	请您们进来

3. Scusi, abita qui [la signorina Landi?]
请问，[蓝迪小姐]住这儿吗？

il professor Rossi	罗西教授
il dottor Detti	戴迪大夫
l'ingegnere Ferruci	费鲁契工程师

4. Prego, [si accomodi].
请[您坐下]。

accomodatevi	你们坐下
si accomodino	您们坐下

5. [Può] trasmettergli un messaggio per me?
[您可以]替我传个口信给他吗?

Puoi	你可以
Potete	你们可以
Possono	您们可以

6. Per favore, le dia questo [mio biglietto da visita].
请您把[我的这张名片]交给她。

libro	书
mio indirizzo	我的地址
numero di telefono	电话号码

III. Dialogo 会话

A: Prego, entri pure!
您请进来吧!

B: Grazie. Mi sono permesso di venire a trovarla, ma se Lei è occupato, non la disturbo.
谢谢。我冒昧前来找您。不过,如果您很忙,我就不打扰您了。

A: Non si preoccupi, sono lieto di vederla. Prego, si accomodi in salotto.

没事，我很高兴见到您。请您到客厅坐。

B：Grazie, signore. Lei è molto gentile.

谢谢，先生。您太客气了。

A：Si metta a suo agio. Posso offrirle un caffé?

请您不必拘束。我可以请您喝杯咖啡吗？

B：Grazie, ma la disturbo troppo!

谢谢，但是，这太打扰您了。

A：Di niente. Anzi, la sua visita mi ha fatto un gran piacere.

哪儿的话，相反，您来看我使我感到很高兴。

B：Lei ha una casa molto bella. Complimenti!

太棒了，您的家非常漂亮！

* * *

A：Abita qui la signorina Gasparini?

嘎斯芭黎尼小姐住这儿吗？

B：Sì, ma è uscita con una sua amica.

对，但是她和一位朋友出去了。

A：Tornerà prima di pranzo?③

午饭之前她回来吗？

B：Mi dispiace, non lo so.④

很抱歉，我不知道。

A：Lei può trasmetterle un mio messaggio?⑤

您可以把我的留言转给她吗？

B：Certamente. Scriva il suo messaggio su questo biglietto.

当然可以。请您将您的留言写在这张卡片上。

A：Grazie mille. Per favore, le dia anche questo mio biglietto da visita.⑥

万分感谢。请您把这张名片也交给她。

IV. Vocabolario 词汇表

scusare	v. tr.	劳驾，原谅
essere	v. intr.	是
entrare	v. intr.	进来
abitare	v. intr.	居住
pure	avv.	吧
sì	avv.	是，对
ma	cong.	但是
uscire	v. intr.	出去
fare delle spese		买东西
tornare	v. intr.	回来
prima di		在……之前
prego	inter.	请，不客气
accomodarsi	v. rifl.	请坐
potere	v. serv.	可以，能够
trasmettere	v. tr.	转达，转交
messaggio	s. m.	留言
dispiacere	v. intr.	抱歉，遗憾
disturbare	v. tr.	打扰
preoccuparsi	v. rifl.	担心，担忧
fare piacere		使高兴
venire	v. intr.	来

per favore		请，劳驾
dare	v. tr.	给
biglietto da visita		名片
permettersi	v. rifl.	冒昧，擅自
trovare	v. tr.	看望
se	cong.	如果
occupato	agg.	忙的
lieto	agg.	高兴的
salotto	s. m.	客厅
gentile	agg.	客气的，热情的
mettersi	v. rifl.	置身于
agio	s. m.	自在
offrire	v. tr.	请客
caffé	s. m.	咖啡
di niente		不用谢
complimenti		祝贺，太棒了
bello	agg.	漂亮
con	cong.	和……一起
mezzogiorno	s. m.	中午
pranzo	s. m.	午饭
sapere	v. tr.	知道
scrivere	v. tr.	写
certamente	avv.	当然，一定地
sù	prep.	在……上
grazie mille		万分感谢

V. 不规则动词变位

陈述式现在时

<u>potere:</u>

io posso, tu puoi, egli (lui, lei) può, noi possiamo, voi potete, essi (loro) possono

<u>avere:</u>

io ho, tu hai, egli (lui, lei) ha, noi abbiamo, voi avete, essi (loro) hanno

<u>sapere:</u>

io so, tu sai, egli (lui, lei) sa, noi sappiamo, voi sapete, essi (loro) sanno

命令式

<u>dare:</u>

tu dà, Lei dia, noi diamo, voi date, Loro diano

VI. Note 注释

① Sì, ma è uscita a fare delle spese. "è uscita" 是陈述式近过去时单数第三人称形式，其动词不定式是 uscire。

② Non si preoccupi, mi fa piacere che Lei sia venuto. "sia venuto"是虚拟式近过去时单数第二人称尊称形式，其动词不定式是 venire。

③ Tornerà prima di mezzogiorno. "tornerà"是陈述式简单将来时单数第三人称形式，其动词不定式是

tornare。

④ Mi dispiace, non lo so. “lo” 是直接补语人称代词阳性单数第三人称形式。

⑤ 本句中的 trasmetterle 是动词不定式 trasmettere 和间接补语人称代词阴性单数第三人称“le”的连写形式。

⑥ Per favore, le dia anche questo mio biglietto da visita. “le” 是间接补语人称代词阴性单数第三人称形式。

⑦ 如应邀到意大利朋友家去作客,应给主人带点礼物或有中国特色的纪念品。除此,也可以带一瓶酒或送一束鲜花。请注意:绝对不能给意大利人送菊花。意大利人只给已亡故的亲人送菊花。

Lezione 3　Lei come si chiama ?

第三课　您叫什么名字?

I. Frasi　句子

21. Lei è il signor Rossi?
您是罗西先生吗?
22. Sì, sono io.
对,我就是。
23. Lieto di conoscerla[①]. Sono Wang Lin.
很高兴认识您。我是王林。
24. Lei come si chiama ?
您叫什么名字?
25. Mi chiamo Maria Polini: Maria è il mio nome, Polini è il mio cognome.
我叫玛丽娅·波利尼:玛丽娅是我的名字,波利尼是我的姓。
26. Lei che lavoro fa ?
您是做什么工作的?
27. Io faccio l'insegnante in una scuola media.[②]
我在一所中学当教师
28. Lei chi è ?
您是谁?

29. Sono Li Hua.
我是李华。

30. Signore, mi permetta[3] di presentarle il mio amico cinese Jin Ping.
先生,请允许我向您介绍我的中国朋友金平。

II. Esercizi sostitutivi 替换练习

1. Lei è [il signor Rossi]?
您是[罗西先生]吗?

la signora Rosa	罗莎女士
il direttore di questa fabbrica	这家工厂的经理
il professor Mantovani	曼托瓦尼教授
il dottor Angeli	安吉利大夫

2. Sono [cinese].
我是[中国人]。

italiano	意大利人
americano	美国人
giapponese	日本人
francese	法国人
tedesco	德国人

3. [Lieto] di conoscerla.
[很高兴]认识您。

onorato	很荣幸
piacere	很高兴

4. Faccio [l'insegnante].
我是当[教师]的。

l'ingegnere	工程师
il professore	教授
l'impiegato	职员
il tecnico	技术员
il medico	医生

5. Come [si chiama Lei]?
[您叫]什么名字?

ti chiami	你叫
si chiama	他叫

III. Dialogo 会话

A: Ciao! Mi chiamo Carlo, e tu?
你好,我叫卡罗。你呢?

B: Io mi chiamo Ma Ming. Chi è lui? Lo conosci?
我叫马铭。他是谁? 你认识他吗?

A: Sì, lo conosco bene. E' Luis, è un mio amico americano.[④]
认识,我和他很熟。他叫路易斯,他是我的一位美国朋友。

B: Puoi presentarmelo? 你可以把他介绍给我吗?

A: Certamente! Luis, ti presento il mio amico cinese Ma Ming.
当然可以! 路易斯,我给你介绍一下我的中国朋友马铭。

C：Piacere!

很高兴认识你。

B：Lei che lavoro fa?

您是做什么工作的？

C：Faccio l'ingegnere in una fabbrica di Milano.

我在米兰的一家工厂当工程师。

* * *

A：Lei è il signor Giovanni Detti?

您是乔万尼·戴迪先生吗？

B：No，non sono io. E' lui.

不，不是我。是他。

A：Signore，permetta che mi presenti：sono Li Lin.

先生，请允许我自我介绍一下：我是李林。

C：Piacere di fare la Sua conoscenza!

很高兴认识您！

A：E' un piacere mio.

我也很高兴认识您。

C：Lei è giapponese?

您是日本人吗？

A：No，sono cinese.

不，我是中国人。

C：Lei che lavoro fa?

您是干什么工作的？

A：Sono medico di un ospedale di Shanghai.

我是上海一家医院的医生。

C：Che bel mestiere![5] Le presento questo mio collega：si chiama Mario Landi，anche suo figlio fa il medico.

多好的职业！我给您介绍一下我的这位同事：他叫马里奥·蓝迪，他的儿子也是当医生的。

D：Molto lieto! Da quanto tempo è in Italia?

很高兴认识您！来意大利多少时间了？

A：Da quasi due mesi.

差不多有两个月了。

D：Come si trova in Italia?

在意大利呆得怎么样？

A：Molto bene，grazie.

很好，谢谢。

IV. Vocabolario　词汇表

conoscere	v. tr.	认识，熟悉
chiamarsi	v. rifl	名叫
nome	s. m.	名字
cognome	s. m.	姓，姓氏
lavoro	s. m.	工作，劳动
fare	v. tr.	干，做
insegnante	s. m. s. f.	教师
scuola	s. f.	学校
medio	agg.	中等的
chi	pron. interr.	谁
che	avv. esclamativo	多么，何等

presentare	v. tr.	介绍
amico	s. m.	朋友
Suo	agg. poss.	您的
conoscenza	s. f.	认识，熟悉
cinese	s. m. s. f. agg.	中国人，中国的
giapponese	s. m. s. f. agg.	日本人，日本的
americano	s. m. agg.	美国人，美国的
tedesco	s. m. agg.	德国人，德国的
medico	s. m.	医生
ospedale	s. m.	医院
collega	s. m. s. f.	同事
suo	agg. poss.	他的，她的
figlio	s. m.	儿子
da	prep.	从……起
quanto	agg.	多少
quasi	avv.	差不多
due	agg. num. card.	二
mese	s. m.	月
trovarsi	v. rifl.	感到，觉得；处在

V. 不规则动词变位

陈述式现在时

fare:

io faccio, tu fai, egli (lui, lei) fa, noi facciamo, voi fate, essi (loro) fanno

VI. 反身动词变位

陈述式现在时

chiamarsi：

io mi chiamo, tu ti chiami, egli（lui, lei）si chiama, noi ci chiamiamo, voi vi chiamate, essi（loro）si chiamano

VII. 以-ere 结尾的规则动词命令式变位

permettere：

tu permetti, Lei permetta, noi permettiamo, voi permettete, Loro permettano

VIII. Note 注释

① Lieto di conoscerla. 这里的"lieto"是一个形容词。如果说话的人是一位女性，lieto 就变为 lieta。在意大利语里，形容词要根据所修饰的名词的性和数起相应的变化。例如：

un nuovo libro 一本新书，
nuovi libri 一些新书，
una nuova cravatta 一条新领带，
nuove cravatte 一些新领带。

② Faccio l'insegnante. "l'"是定冠词的一种简写形式。在意大利语中，定冠词遇到以元音为首的单数名词，都要采用这种简写形式。... una scuola media. “una”是不定冠词，用在以辅音为首的阴性 名词前面。如果阴性名词单数以元音为首，不定冠词形式为 un’。例如：un’operaia（一位女工 ）。

③ Signore, mi permetta di .... “permetta”是命令式第二人称单数的尊称形式。

④ E’ Luis, è un mio amico americano. “un” 是以辅音（除 z, ps, gn, x, s + 辅音）和元音为起首的阳性名词前使用的不定冠词。以 z, ps, gn, x, s + 辅音为起首的名词前使用不定冠词 “uno”。例：un ingegnere 一位工程师，un medico 一位医生，uno zio　一位叔叔，uno strumento　一件工具。

⑤ Che bel mestiere! “bel” 是由形容词“bello” 变化而来。当“bello” 放在所修饰的名词前面时，和定冠词一样，要根据该名词的性、数和不同的起首字母而起变化。

Lezione 4　Parla italiano?

第四课　您讲意大利语吗?

I. Frasi　句子

31. Parla italiano?
您讲意大利语吗?
32. Sì, un po'.[①]
是的,会一点儿。
33. Parla anche francese?
您也会讲法语吗?
34. No, non parlo francese, ma so parlare inglese.
不,我不讲法语,但是我会讲英语。
35. Capisce quando parlo?
我讲话您懂吗?
36. Parli[②] più lentamente, per favore.
请您讲慢一点儿。
37. Non ho capito tutto, ripeta[③] per favore.
我没全懂,请您重复一遍。
38. Lei parla italiano molto bene.
您意大利语讲得很好。
39. Sono in grado di leggere, ma non so parlare.
我能看,但是不会说。

40. Come si dice questo in italiano?④
这个用意大利语怎么说?

II. Esercizi sostitutivi 替换练习

1. Parla[italiano]?
您讲[意大利语]吗?

cinese	汉语
inglese	英语
tedesco	德语
spagnolo	西班牙语
giapponese	日语

2. [Parli]più lentamente, per favore.
请您[讲]得慢一点儿。

Legga	读
Scriva	写
Mangi	吃

3. Sono in grado di [leggere].
我能[看]。

scrivere	写
guidare	开车
finire questo lavoro da solo	独立完成这工作

4. Come si dice questo [in italiano]?
这个[用意大利语]怎么说?

in cinese	用汉语
in inglese	用英语
in francese	用法语

III. Dialogo 会话

A: Buongiorno. Lei è giapponese?
您好,您是日本人吗?

B: No, sono cinese.
不,我是中国人。

A: Parla inglese?
您讲英语吗?

B: Sì.
是的。

A: Parla anche francese?
您也讲法语吗?

B: No, non parlo francese.
不,我不讲法语。

A: Quante lingue conosce?
您懂几种语言?

B: Conosco soltanto il cinese e l' inglese. L'italiano lo parlo un po'.
我只懂汉语和英语,意大利语我会讲一点儿。

A: Che bello! Parla anche italiano. Allora possiamo[5] parlare in italiano.

太好了！您也会讲意大利语。那么我们可以用意大利语讲话了。

B：Bene. Ma lei è italiano?
行。您是意大利人吗？

A：No, sono spagnolo. Sono qui per lavoro.
不，我是西班牙人。我在这儿工作。

B：Lei parla un italiano perfetto.
您意大利语讲得好极了。

A：Anche lei parla molto bene italiano. Dove l'ha imparato?
您的意大利语也讲得很好。在哪儿学的？

B：L'ho imparato in Cina.⑥
我是在中国学的。

A：Per voi cinesi è difficile l'italiano?
对你们中国人来说，意大利语难吗？

B：Sì, è molto difficile, ma è una lingua molto bella.
是的，很难。但它是一种优美的语言。

* * *

A：Lei è in grado di leggere in italiano?
您能用意大利语阅读吗？

B：Sì, ma non so parlare bene perché mi manca la pratica.
能，但是我讲得不好，因为我缺少实践。

A：Capisce⑦ quando parlo?
我讲话您懂吗？

B：Sì. Se parla più lentamente capisco tutto.

懂。如果您讲得慢一点儿，我能全听懂。

A：Da quanto tempo sta in Italia?

您在意大利多久了？

B：Da due mesi.

两个月。

A：Ora che è in Italia deve parlare di più. Ha capito?

现在您在意大利，应该多讲讲。您懂了吗？

B：No, non ho capito[8]. Per favore, ripeta un'altra volta.

不，我没懂。请您再重复一遍。

IV. Vocabolario　词汇表

parlare	v. tr.	讲，说
poco	agg. indef.	一点点
capire	v. tr.	懂，理解
lentamente	avv.	慢慢地
ripetere	v. tr.	重复
leggere	v. tr.	阅读，念
essere in grado di		能够
sapere	v. servile	会
dire	v. tr.	说
questo	pron. dimostr.	这个，这
francese	s. m.	法语，法国人
inglese	s. m.	英语，英国人
tedesco	s. m.	德语，德国人

finire	v.tr.	结束，完成
lingua	s.f.	语言
conoscere	v.tr.	通晓，熟悉
soltanto	avv.	仅仅
allora	cong.	那么
potere	v.servile	能，能够
dove	avv.	哪里
imparare	v.tr.	学，学习，学会
difficile	agg.	困难
tutto	pron.	全部，一切
perfetto	agg.	完美的
mancare	v.intr.	缺少
pratica	s.f.	实践
dovere	v.servile	应该，必须
altro	agg.	又一个的，其它的
volta	s.f.	次
lavoro	s.m.	工作
ora	avv.	现在
quando	cong.	当……时候

V. 不规则动词变位

陈述式现在时

dovere:

io devo, tu devi, egli (lui, lei) deve, noi dobbiamo, voi dovete, essi (loro) devono dire:

io dico, tu dici, egli (lui, lei) dice, noi diciamo, voi dite, essi (loro) dicono

capire:

io capisco, tu capisci, egli (lui, lei) capisce, noi capiamo, voi capite, essi (loro) capiscono

VI. Note 注释

① "un po'" 是"un poco"的简写形式。

② "parli"是动词"parlare"的命令式第二人称单数尊称形式。

③ "ripeta"是动词"ripetere"的命令式第二人称单数尊称形式。

④ Come si dice questo in italiano? "si dice"是动词dire的无人称形式。在意大利语中,表示"用某种语言"时,用前置词"in"。例:Legge in italiano. 他用意大利语朗读;Spiega in inglese. 他用英语讲解。

⑤ "possiamo"是动词"potere" 的陈述式现在时第一人称复数形式。本课中出现的 sapere, potere, dovere 这三个动词均为服务性动词。在意大利语中,服务性动词后面可以直接跟原形动词。即:在服务性动词和动词不定式之间不需要放任何前置词。例:So parlare italiano. 我会讲意大利语。Puoi venire da me stasera? 今天晚上你能来我这儿吗?

⑥ L'ho imparato in Cina. "l'"是代词 lo 的简略形式。ho imparato 是动词 imparare 的陈述式近过去时第一人称单数形式。

⑦ 在意大利语中，以-ire 结尾的规则动词陈述式现在时有两种变位法。
本课中 capire, finire 均属第二变位法。

⑧ 本句中的"ho capito"是陈述式近过去时第一人称单数形式，动词不定式是"capire"。

Lezione 5 Buona fortuna!

第五课 祝您好运!

I. Frasi 句子

41. Complimenti! ①
祝贺您!

42. Buon Natale!
祝您圣诞节快乐!

43. Felice Anno Nuovo!
新年好!

44. Buona fortuna!
祝您好运!

45. Buon appetito! ②
祝您胃口好!

46. In bocca al lupo!
祝您考试成功!

47. Le auguro ogni bene.
我祝您万事如意。

48. Grazie. Tanti cari auguri di buone feste③ anche a lei e alla sua famiglia.
谢谢。祝您和您的家人节日快乐。

49. Spero che si ristabilisca presto. ④
我希望您早日康复。

50. La ringrazio molto per le sue attenzioni.
我非常感谢您的关心。

II. Esercizi sostitutivi 替换练习

1. Buon [Natale]! 祝您[圣诞节]快乐!

viaggio	旅行
compleanno	生日
soggiorno	逗留
divertimento	玩得

2. Spero che [si ristabilisca presto].
我希望[您早日康复]。

ritorni presto	您(你)早日回来
venga a trovarci	您(你)来看望我们
tutto vada bene	一切顺利
vinca questa gara	您(你)赢这场比赛
mi scriva spesso	您(你)经常给我写信

2. Le auguro [ogni bene]. 我祝您[万事如意]。

buona salute	身体健康
buona Pasqua	复活节快乐
buone feste	节日快乐
buon lavoro	工作顺利
buoni affari	生意兴隆
buon successo	成功
buono studio	学习进步

3. La ringrazio molto per [le sue attenzioni].
我非常感谢[您的关心]。

il suo prezioso regalo	您的珍贵礼品
il suo carissimo pensiero	您的美好心意
il suo invito	您的邀请
la sua ospitalità	您的款待
la sua visita	您的拜访
la sua cordiale accoglienza	您的热情接待
le sue informazioni	您提供的情况

III. Dialogo 会话

A: Ciao, Paolo. Posso offrirti un caffè?
你好,保罗。我可以请你喝杯咖啡吗?

B: No, grazie. Ho fretta perché devo andare all'università.
不了,谢谢。我有急事,我得去大学。

A: Perché?
为什么?

B: Devo sostenere un esame molto importante.
我得去参加一门非常重要的考试。

A: Allora ci vediamo più tardi.
那么我们呆一会儿见。

B: Va bene. Ciao!
行。再见!

A: Ciao e in bocca al lupo!⑤
再见,祝你考试成功!

B：Crepi il lupo!

但愿如此！

* * *

A：Ciao, Elena.

你好，爱莲娜。

B：Ciao, Anna. Oggi sei molto elegante!

你好，安娜。今天你打扮得真漂亮！

A：Oggi è il mio compleanno e voglio fare una bella festa con gli amici.

今天是我的生日，我要和朋友们好好庆祝一下。

B：Davvero?

真的吗？

A：Sì. Puoi venire anche tu a casa mia stasera?

是的。今天晚上你也能来我家吗？

B：Mi dispiace, Anna, stasera ho un appuntamento con il mio direttore.

很遗憾，安娜，今天晚上我和我的经理有一个约会。

A：Puoi venire più tardi?

你可以晚一点来吗？

B：Sì, allora vengo più tardi.

可以，那么我迟一点来。

A：Ciao, Elena. Mi raccomando, non mancare!

再见，爱莲娜。请你一定要来！

B：Sta' tranquilla, non mancherò.⑥

你放心，我一定来。

A：Allora ci vediamo stasera. Ciao, Elena.
那么我们今天晚上见。再见，爱莲娜！

B：Grazie per il tuo invito, Anna. Tanti auguri e buon compleanno! Ciao!
安娜，谢谢你的邀请。祝你生日快乐！再见！

* * *

A：Buongiorno, signora Rossi.
您好，罗西夫人！

B：Buongiorno, signorina Lin. Entri pure.
您好，林小姐！请进来吧！

A：Che bella casa! Complimenti!
您的家真漂亮！太棒了！

B：Si accomodi su questo divano!
请您在沙发上坐！

A：Questo è un mio piccolo pensiero personale per lei.
这是我个人给您的一点小小心意。

B：Grazie! Ma si è disturbata troppo! Posso aprirlo?⑦
谢谢，不过这太打扰您了。我能打开看看吗？

A：Certamente!
当然可以！

B：Com'è bello questo vaso di porcellana cinese!
这个中国瓷器花瓶多漂亮啊！

A：Spero che le piaccia.

我希望您喜欢它。

B：Lin, la ringrazio molto per questo preziosissimo regalo.[8]

林，非常感谢您这件极其珍贵的礼物。

IV. Vocabolario 词汇表

fortuna	s.f.	运气，幸运
Natale	s.m.	圣诞节
felice	agg.	幸福的
anno	s.m.	年
nuovo	agg.	新的
appetito	s.m.	胃口，食欲
bocca	s.f.	嘴
lupo	s.m.	狼
augurare	v.tr.	祝愿
ogni	agg.indef.	每一个的
tanto	agg.	好多的
augurio	s.m.	祝愿，祝贺
festa	s.f.	节日
sperare	v.tr.	希望
ristabilirsi	v.rifl.	恢复健康
presto	avv.	马上，很快地
ringraziare	v.tr.	感谢
attenzione	s.f.	关心，关照
offrire	v.tr.	请客；提供

caffè	s. m.	咖啡
fretta	s. f.	急忙, 匆忙
università	s. f.	大学
sostenere un esame		参加一门考试
esame	s. m.	考试
importante	agg.	重要的
più tardi		迟一点儿
a più tardi		一会儿见
elegante	agg.	漂亮的, 高雅的
oggi	avv.	今天
stasera	avv.	今天晚上
appuntamento	s. m.	约会
direttore	s. m.	经理
raccomandarsi	v. rifl.	请求, 嘱咐
tranquillo	agg.	安心的; 平静的
divano	s. m.	沙发
piccolo	agg.	小的
personale	agg.	个人的
aprire	v. tr.	打开
certamente	avv.	当然
vaso	s. m.	花瓶
porcellana	s. f.	瓷, 瓷器
piacere	v. trans.	喜欢

V. 不规则动词变位

陈述式现在时

<u>sostenere:</u>

io sostengo, tu sostieni, egli (lui, lei) sostiene, noi sosteniamo, voi sostenete, essi (loro) sostengono

命令式

<u>stare:</u>

tu sta', Lei stia, noi stiamo, voi state, Loro stiano

VI. Note 注释

① Complimenti! 祝贺您！这句恭贺话使用得比较广泛，可以在赞扬对方语言讲得好，考试成绩好，房子，汽车漂亮，工作有成绩，提升了职务等时使用。

② Buon appetito! 是在餐桌上用餐前说的一句祝贺语。

③ Tanti cari auguri di buone feste ... 这里的"buone feste"复数形式仅限于圣诞节前后使用。因为在圣诞节期间，还有一些其他节日。

④ Spero che si ristabilisca presto. 这里的 si ristabilisca 是动词 ristabilirsi 虚拟式现在时单数第三人称形式。在意大利语里，表示"希望，祝愿"的动词，在由它们引出的宾语从句里，动词要用虚

拟式形式。

⑤ In bocca al lupo! 是意大利语中的一句习惯用语，是在一方去参加考试前，另一方向他说的一句祝贺语。参加考试的一方则用“Crepi il lupo!”作回答。

⑥ Sta' tranquilla, non mancherò. “mancherò”是动词 mancare 的陈述式简单将来时单数第三人称形式。

⑦ Posso aprirlo. 意为能否打开礼品的包装。当人家送你礼品时，意大利人习惯当着送礼人的面当场打开礼品包装，除了向送礼人表示感谢，你还要告诉他你非常喜欢他送的礼品。

⑧ Lin, la ringrazio molto per questo preziosissimo regalo. “preziosissimo”是形容词 prezioso 的绝对最高级形式。在意大利语中，以“o”结尾的形容词，去掉词尾“o”，添上“issimo”，该形容词就成了形容词比较级中的绝对最高级形式。例如：

buono-buonissimo, bello-bellissimo,

caro-carissimo, bravo-bravissimo.

Lezione 6　Arrivederci!

第六课　再见!

I. Frasi　句子

51. E' già tardi, devo salutarti.
已经晚了,我该向你告辞了。

52. Non andare via![1] Il pranzo è già pronto, resta a mangiare con noi.
你别走了! 午饭已经好了,你留下来和我们一起吃饭吧!

53. Grazie, ma devo andare via perché ho una cosa importante da sbrigare.
谢谢,但我得走了,因为我有一件重要的事得赶紧去办理。

54. Aspetta un momento, ti accompagno con la mia macchina.
你等一下,我用我的车送你。

55. E'stato un vero piacere vederti di nuovo in Italia.
在意大利再次见到你真是非常高兴。

56. Anche per me. Purtroppo sto qui per pochi giorni e domani devo partire.
我也是。很遗憾我在这儿没几天,明天我得动身出发了。

57. Spero che tu abbia più occasioni di venire in Italia.
我希望你有更多的机会来意大利。

58. Lo spero anch'io. Se vieni in Cina, fammelo sapere!
我也希望这样。如果你来中国,请你告诉我!

59. Sicuramente! Saluta tua moglie da parte mia. Arrivederci e buon viaggio.
一定告诉你。代我向你的夫人问候! 再见,祝旅途愉快!

60. Grazie mille. Arrivederci e buona fortuna!
万分感谢。再见,祝你好运!

II. Esercizi sostitutivi 替换练习

1. Resta a [mangiare] con noi!
你留下来和我们一起[吃饭]吧!

bere un caffè	喝一杯咖啡
ballare	跳舞
finire questo lavoro	结束这项工作

2. Ho [una cosa importante da sbrigare].
我有[一件重要的事得赶紧去办理]。

molto da fare	许多事情要干
una lettera da scrivere	一封信要写
una cosa da dirti	一件事要对你说

3. Se vieni [in Cina], fammelo sapere!

如果你来[中国],请你告诉我!

in Italia	意大利
a Pechino	北京
a Roma	罗马
a Milano	米兰
a Shanghai	上海

4. Saluta [tua moglie] da parte mia.

代我向[你的夫人]问好!

tuo marito	你的丈夫
i tuoi genitori	你的双亲
tutti i nostri amici	我们所有的朋友
Carlo	卡罗
la signora Elena	爱莲娜女士

5. [Arrivederci]!

[再见]!

Arrivederla	再见
A domani	明天见
A più tardi	一会儿见
A presto	回头见

III. Dialogo 会话

A: Ciao, Li Lin. Sono venuto per salutarti[②] perché domani devo tornare in Italia.

你好，李林。我是来向你告别的，因为明天我得回意大利了。

B：Davvero? Così presto?
真的吗？这么快？

A：Purtroppo sì.
很遗憾，是的。

B：Puoi lasciarmi il tuo indirizzo e il tuo numero di telefono?
你可以把你的地址和电话号码留给我吗？

A：Come no! Spero che mi scriva spesso. Sei reperibile via internet?
当然可以！我希望你经常给我写信。你上国际互联网了吗？

B：Sì, posso lasciarti il mio indirizzo di internet.
上网了，我可以把我的网址留给你。

A：Che bello! Possiamo leggere i nostri messaggi via internet. Ecco il mio indirizzo di posta elettronica.
太好了！我们可以通过国际互联网传递我们的信息了。这就是我的电子邮件地址。

B：Grazie, ti scriverò sicuramente.
谢谢，我一定给你写信。

A：Se vieni in Italia fammelo sapere③. Verrò a prenderti all'aeroporto.
如果你来意大利，请你告诉我。我到机场来接你。

B：Grazie, ma non so quando ci potrò venire.

谢谢。但是我不知道什么时候能去。

A：Spero che tu abbia più occasioni di venire in Italia.

我希望你有更多的机会来意大利。

B：Lo spero anch'io.

我也希望如此。

A：Se vieni ti faccio conoscere la mia famiglia e i miei amici.

如果你来，我让你认识一下我的家人和我的朋友。

B：Grazie.

谢谢。

A：Ora devo salutarti perché ho ancora molte cose da fare.

现在我得向你告辞了，因为我还有许多事要干呢。

B：Spero di poterti rivedere presto. Arrivederci e buon viaggio!

我希望能早日再见到你。再见，祝你旅途愉快！

A：Arrivederci, Li Lin, ti auguro ogni bene.

再见，李林，祝你一切顺利。

B：Grazie mille e tanti saluti a casa!

万分感谢，向家里问好！

* * *

A：Devo tornare un attimo in ufficio. Ciao!

我得回一下办公室。再见！

B：Ciao!
再见!

* * *

A：Vado un momento dal professore. A più tardi!
我去一下老师那儿。一会儿见!

B：A più tardi!
一会儿见!

* * *

A：Allora ci vediamo lunedì.
那么我们星期一见!

B：Va bene, a lunedì!
行,星期一见。

* * *

A：E' già tardi. Con permesso, me ne vado. ④
已经晚了。如果您同意,我走了。

B：E' ancora presto. Resti a bere un caffè con noi!
还早呢。您留下来和我们一起喝杯咖啡吧!

A：Grazie, ma devo andare via perché ho un appuntamento con il mio direttore.
谢谢。但是我得走了,因为我和我的经理有一个约会。

B：Mi dispiace molto. Spero che verrà ancora.
很遗憾。希望您下次再来。

A：Ritornerò sicuramente.

我一定来。

B：Aspetti un momento, la accompagno con la macchina.

您等一下，我用车送您。

A：Non si disturbi! Posso prendere l'autobus.

别麻烦了！我可以乘公共汽车。

B：No, no. La accompagno io.

不，不。我送您。

A：Grazie.

谢谢！

B：Di nulla. Saluti il professor Rossi da parte mia!

别客气。请代我向罗西教授问候！

A：Grazie. Arrivederla!

谢谢。再见！

IV. Vocabolario　词汇表

pranzo	s.m.	午餐
pronto	agg.	准备好的
restare	v.intr.	留下，停留
mangiare	v.tr.	吃；吃饭
andare via		走开
sbrigare	v.tr.	迅速处理
aspettare	v.tr.	等待
momento	s.m.	片刻，一会儿
accompagnare	v.tr.	陪同

macchina	s. f.	小汽车;机器
di nuovo		重新,再次
purtroppo	avv.	可惜,不幸
giorno	s. m.	天,日
partire	v. intr.	动身,出发
occasione	s. f.	机会
Italia	s. f.	意大利
Cina	s. f.	中国
sicuramente	avv.	当然,一定
salutare	v. tr.	告别;问候,致意
mille	agg. num. card.	一千;许多
indirizzo	s. m.	地址
numero	s. m.	号码
telefono	s. m.	电话
reperibile	agg.	可寻获的,能找到的
via	s. f.	经由,经过;路,街
internet	s. m.	国际互联网
posta	s. f.	邮局;邮件
elettronico	agg.	电子的
prendere	v. tr.	取;喝,吃;接人;乘坐
aeroporto	s. m.	机场
famiglia	s. f.	家庭
cosa	s. f.	东西
rivedere	v. tr.	重新见到
attimo	s. m.	片刻,一会儿
ufficio	s. m.	办公室
professore	s. m.	教师,教授

lunedì	s.m.	星期一
permesso	s.m.	允许,同意
ritornare	v.intr.	回来,返回
disturbarsi	v.rifl.	麻烦,费心
di nulla		不用谢,别客气

V. 不规则动词变位

陈述式现在时

andare:

io vado, tu vai, egli (lui, lei) va, noi andiamo, voi andate, essi (loro) vanno

venire:

io vengo, tu vieni, egli (lui, lei) viene, noi veniamo, voi venite, essi (loro) vengono

陈述式简单将来时

venire:

io verrò, tu verrai, egli (lui, lei) verrà, noi verremo, voi verrete, essi (loro) verranno

potere

io potrò, tu potrai, egli (lui, lei) potrà, noi potremo, voi potrete, essi (loro) potranno

虚拟式现在时

avere:

che io, che tu, che egli (lui, lei) abbia, che noi

abbiamo, che voi abbiate, che essi (loro) abbiano

命令式

fare:

tu fa', Lei faccia, noi facciamo, voi fate, Loro facciano

IV. Note 注释

① Non andare via! 这是命令式单数第二人称否定形式。在意大利语中,命令式单数第二人称否定形式必须使用动词不定式。

② Sono venuto per salutarti... 句子中的 sono venuto 是动词 venire 的陈述式近过去时单数阳性第一人称形式。venuto 是动词 venire 的过去分词。

③ Se vieni in Italia fammelo sapere! 句子中的 fammelo 是动词 fare 的命令式单数第二人称 fa'和组合代词 melo 的连写形式。当动词 fare 后面直接跟动词不定式时,意为"让"。例如:

Signorina, mi faccia vedere quella cravatta! 小姐,请您让我看看那条领带!

Fatemi entrare! 请你们让我进去!

④ Con permesso, me ne vado. 句子中的 me ne vado 是动词 andarsene 的单数第三人称形式。意为"离去,走开"。

Lezione 7 E' lontana la stazione?

第七课　火车站远吗？

I. Frasi　句子

61. Scusi signore, è lontana la stazione?
    对不起，先生，火车站远吗？
62. No, non è lontana da qui.
    不，离这儿不远。
63. Che autobus devo prendere per andare alla stazione?
    去火车站我得乘什么车？
64. La stazione è qui vicino, può andarci anche a piedi.①
    火车站就在这儿附近，您也可以步行去。
65. Vorrei andare all'Ambasciata Cinese②, questa strada è giusta?
    我想去中国大使馆，这条路对吗？
66. Scusi, questa via porta in Piazza della Repubblica?
    对不起，这条路通共和国广场吗？
67. Scusi signora, sa dov'è Via Bruxelles?
    对不起，夫人，您知道布鲁塞尔街在哪儿吗？

68. Lei può prendere l'autobus numero quattro.
您可以乘坐四路公共汽车。

69. Qui vicino c'è la stazione della metropolitana?
这儿附近有地铁站吗?

70. Sì, vada dritto e poi giri a sinistra.
有的,您一直走,然后向左拐。

II. Esercizi sostitutivi 替换练习

1. Scusi signore, è lontana da qui [la stazione]?
对不起,先生,[火车站]离这儿远吗?

l'Ambasciata Cinese	中国大使馆
la Fiera di Milano	米兰博览会
la posta centrale	邮政总局
la Città del Vaticano	梵蒂冈城
la Banca Commerciale Italiana	意大利商业银行

2. Vorrei andare [all'Ambasciata Cinese].
我想去[中国大使馆]。

all'aeroporto	机场
all'ospedale	医院
al mercato	市场
alla Questura	警察局
in Francia	法国
al mare	海边
in Via Roma	罗马路

3. Questa via porta [in Piazza della Repubblica]?
这条路通[共和国广场]吗？

alla stazione	火车站
al Colosseo	古罗马斗兽场
al Duomo di Milano	米兰大教堂
in Piazza San Pietro	圣彼得广场
in Corso Vittorio Emanuele	维多利奥·埃玛努爱列大街

4. Scusi, sa dov'è [Via Bruxelles] ?
对不起，您知道[布鲁塞尔街]在哪儿？

il Consolato Cinese	中国领事馆
la Questura	警察局
il Comune	市政府
la più vicina fermata dell'autobus	最近的公共汽车站
l'ospedale	医院

5. Qui vicino c'è[la stazione della metropolitana]?
这儿附近有[地铁站]吗？

una cabina telefonica	公用电话亭
un ufficio postale	邮局
un albergo	旅馆
un supermercato	超级市场
un cinema	电影院
un ristorante cinese	中国饭店

III. Dialogo 会话

A：Scusi, è lontana da qui la posta centrale?

对不起，邮政总局离这儿远吗？

B：No, non è molto lontana.

不，不太远。

A：Posso andarci a piedi?

我可以步行去吗？

B：Sì, vada sempre dritto e al secondo incrocio giri a destra.

可以，您一直向前走，到第二个十字路口向右拐。

A：Grazie signore.

谢谢，先生。

B：Prego.

不客气。

* * *

A：Scusi, questa via porta alla stazione?

对不起，这条路通火车站吗？

B：No. Per andare alla stazione, lei deve prendere quella strada.

不。去火车站您得走那条路。

A：Devo prendere l'autobus?

我得乘车吗？

B：No, può andarci anche a piedi.

不，您也可以步行去。

A: Quanto tempo ci vuole③ per arrivare alla stazione?

去火车站要多少时间?

B: A piedi ci vuole circa un quarto d'ora.

步行大约需要一刻钟。

A: Grazie mille.

非常感谢。

B: Di nulla.

别客气。

* * *

A: Buongiorno, signor vigile. Mi dica per favore: è questa la strada per la Fontana di Trevi?④

您好,警察先生。请您告诉我,这条路是去少女喷泉的吗?

B: Sì. Cammini sempre per questa strada e la Fontana di Trevi si trova proprio in fondo a questa strada.

是的。您沿着这条路一直走,少女喷泉就位于这条路的尽头。

A: Grazie e arrivederci!

谢谢,再见!

* * *

A: Qui vicino c'è una farmacia?

这儿附近有药房吗?

B：Sì，signora．Ce n'è una qui di fronte．⑤

有的，夫人。在这儿对面有一家。

* * *

A：Scusi，dov'è l'Ufficio Stranieri？

对不起，外国人管理处在哪儿？

B：E' là，in fondo al corridoio．

在那儿，走廊尽头。

IV．Vocabolario 词汇表

lontano	agg.	远的
stazione	s.f.	火车站；站，局，台
volere	v.servile	想
ambasciata	s.f.	大使馆
portare	v.tr.	通向
piazza	s.f.	广场
repubblica	s.f.	共和国
vicino	agg.	附近
quattro	agg.num.card.	四
metropolitana	s.f.	地铁
dritto	avv.	径直地
girare	v.intr.	转
sinistra	s.f.	左边
destra	s.f.	右边
centrale	agg.	中心的；总的
secondo	agg.num.ord.	第二

incrocio	s. m.	十字路口
strada	s. f.	道路，公路，街道
arrivare	v. intr.	到达
là	avv.	那儿
circa	avv.	大约
quarto	agg. num. ord.	第四
vigile	s. m.	民警
Fontana di Trevi		少女喷泉
passo	s. m.	步子，脚步
camminare	v. intr.	走，步行
in fondo a		在……尽头
di fronte		对面
corridoio	s. m.	走廊
a piedi		步行
supermercato	s. m.	超级市场

V. 不规则动词变位

命令式

<u>andare:</u>

tu va', Lei vada, noi andiamo, voi andate, Loro vadano

<u>dire:</u>

tu di', Lei dica, noi diciamo, voi dite, Loro dicano

简单条件式

volere:

io vorrei, tu vorresti, egli (lui, lei) vorrebbe, noi vorremmo, voi vorreste, essi (loro) vorrebbero

VI. Note 注释

① Lei può andarci a piedi. 句子中的 andarci 是 andare 和代表地点的代词 ci 的连写形式。意大利语中,在有上下文的情况下,为了语言的简练,可以用代词"ci"来代替地点名词。例如:

Quando vai all'università? 你什么时候去大学?

Ci vado domani. 我明天去。

在意大利,公共汽车上不出售车票。乘车之前,您可以到烟草店、报亭或酒吧去买公共汽车票。除此,您还可以通过车站上的自动售票机买到车票。公共汽车票对市内的各种公交车辆都通用。车票有单程票和多程票,根据您买的不同的时间段,车票在一定的时间内使用有效。即:如果您的车票是六十分钟有效,在六十分钟内,您可以乘任何一辆公交车,且可以多次换车。上了车,您必须把车票放到车上的打票机上打票。打票机会在票子上打上您打票时的时间。

② Vorrei andare all'Ambasciata Cinese, ... 句子中的 vorrei 是动词 volere 的简单条件式形式,表示一种愿望。

中华人民共和国驻意大利大使馆位于罗马市布鲁塞尔街五十六号(Via Bruxelles, 56)。

③ Quanto tempo ci vuole per andare là? 句中的 ci vuole 是小品词 ci 和动词 volere 的陈述式现在时单数第三人称变化而来,表示“需要”。复数形式为 ci vogliono。例如: Ci vogliono ancora dieci minuti per finire questo lavoro. 结束这项工作还需要十分钟。

④ 少女喷泉(Fontana di Trevi)是罗马市著名旅游景点之一。据说,谁往喷泉里扔一枚硬币,谁就能重返罗马。

⑤ Ce n'è una qui di fronte. 句中的 ce n'è 是 ci essere(有)的陈述式现在时单数第三人称 c'è 和代词 ne 的连用简写形式。

Lezione 8 Chiamiamo un tassì!

第八课 我们叫一辆出租车吧!

I. Frasi 句子

71. Siamo già in ritardo, chiamiamo un tassì!
我们已经迟了,叫一辆出租车吧!

72. Tassì! Vorrei andare all'Ambasciata Cinese, in Via Bruxelles.
出租车! 我想去布鲁塞尔街中国大使馆。

73. Per favore, mi può aiutare a chiamare un tassì?
劳驾,您能帮我叫一辆出租车吗?

74. Lei sa il numero di telefono di Radio Tassì?
您知道无线电遥控指挥的出租车公司的电话号码吗?

75. Per favore, vada in fretta! Altrimenti perdo il volo per Parigi.
劳驾,请您开快一点儿! 否则,我要误去巴黎的航班了。

76. Scusi, mi sa dire dove posso prendere un tassì?
对不起,您能告诉我在哪儿我可以雇到一辆出租车?

77. Quanto le devo ?
我该付您多少钱?

78. Il prezzo è indicato sul tassametro.
价钱显示在计价表上。

79. Quanto tempo ci vuole per andare all'aeroporto da qui?
从这儿到机场要多少时间?

80. Dov'è il più vicino posteggio di tassì?
最近的出租车站在哪儿?

II. Esercizi sostitutivi 替换练习

1. Per favore, mi può aiutare a [chiamare un tassì]?
劳驾,您能帮我[叫一辆出租车]吗?

telefonare a questo numero	给这个号码打个电话
riparare la macchina	修车
fare questo lavoro	干这工作
prenotare l'albergo	订旅馆

2. Lei sa il numero di telefono [di Radio Tassì]?
您知道[无线电遥控指挥的出租汽车公司的]电话号码吗?

dell'Ambasciata Cinese	中国大使馆的
del Consolato Cinese	中国领事馆的
della Questura	警察局的
del Pronto Soccorso di Firenze	佛罗伦萨急救中心的

3. Quanto tempo ci vuole per [andare all'aeroporto da qui]?

[从这儿到机场]要多少时间?

avere il visto	获得签证
ottenere l'autorizzazione	获得批准
fare queste pratiche	办理这些手续
finire questo lavoro	结束这项工作

III. Dialogo 会话

A: Scusi, dove posso prendere un tassì?[1]
对不起,在哪儿我可以雇到出租车?

B: Lì, a quell'angolo.
那儿,在那个街口。

A: Buongiorno, signore. Vorrei andare alla stazione. Lei è libero?
您好,先生。我想去火车站。您有空吗?

C: Va bene, si accomodi.
行,请上车。

A: Ho anche delle valigie.
我还有一些行李。

C: Stia tranquilla! Le carico sù io.
您放心!我来把行李装上车。

A: Grazie.
谢谢。

C: Prego. E' la prima volta che viene in Italia?
别客气。您是第一次来意大利吗?

A：No, ci sono stata già due volte②. Quanto tempo ci vuole per arrivare là?
不，我已经来过两次了。去那儿要多少时间？

C：Circa quaranta minuti.
大约四十分钟。

A：Vada un po' in fretta per favore, altrimenti perdo il treno per Firenze.
请您开快一点，否则我要误去佛罗伦萨的火车了。

C：Firenze è una città molto bella.
佛罗伦萨是一座非常美丽的城市。

A：Sì, lo so, ma io ci vado per affari.
是的，我知道。但是我去那儿是为生意上的事。

C：Eccoci arrivati.③
我们到了。

A：Quanto devo pagare?
我该付多少钱？

C：Il prezzo è indicato sul tassametro.
价钱显示在计价表上。

A：Ecco trentamila lire. Il resto è per Lei.
这是三万里拉。剩下的给您。

C：Grazie signora. Arrivederla!
谢谢，夫人。再见！

* * *

A：Carla, dobbiamo chiamare un tassì, altrimenti perdiamo il volo per Francoforte.

卡拉，我们得叫一辆出租车，否则我们要误去法兰克福的航班了。

B：Va bene. Sai il numero di telefono di Radio Tassì?
行。你知道无线电遥控指挥的出租车公司的电话号码吗？

A：Sì, eccolo.
知道的，这就是。

B：Pronto?④ Buongiorno, signorina, mi chiama un tassì per favore?
喂？您好，小姐，请为我叫一辆出租车！

C：Sì, subito. Dove si trova Lei?
行，马上。您在什么地方？

B：In Via Boccaccio, 14. Per cortesia, venga presto!
在薄伽丘路十四号。请快点来！

C：Lei si chiama...
您姓……

B：Mi chiamo Landi.
我姓蓝迪。

C：Un attimo, signorina Landi. Pronto?
蓝迪小姐，请稍等。喂？

B：Prego, mi dica!
请说吧！

C：Fra cinque minuti, Milano 22.
五分钟以后到，车号：米兰二十二号。

B：Grazie.

谢谢。

* * *

A：Carla, guarda! Quel tassì sarà il nostro?⑤

卡拉，瞧，那辆出租车是我们的吗？

B：Sì, Milano 22, è proprio il nostro tassì.

对，米兰二十二号，就是我们的出租车。

C：Buongiorno, signorine. Dove andate?

您们好，小姐。去哪里？

B：Andiamo all'aeroporto. Siamo già in ritardo, per favore vada in fretta!

我们去机场。我们已经迟了，请开快一点！

C：Va bene.

行。

B：Grazie.

谢谢。

C：Eccoci arrivati, signorine.

小姐们，到了。

B：Quanto le dobbiamo?

我们该付您多少钱？

C：Sedicimila lire.

一万六千里拉。

B：Le dò ventimila e tenga pure il resto.

我给您二万里拉。剩下的您拿着。

C：Grazie. Buon viaggio!

谢谢。祝您们一路顺风！

IV. Vocabolario 词汇表

tassì	s.m.	出租车
ritardo	s.m.	迟到，延误
libero	agg.	有空的；自由的
aiutare	v.tr.	帮助
radio	s.f.	无线电
altrimenti	avv.	否则
perdere	v.tr.	误；丢失
aereo	s.m.	飞机
pagare	v.tr.	支付，付款
prezzo	s.m.	价格
indicare	v.tr.	指，指示
tassametro	s.m.	计价表
posteggio	s.m.	停车场
angolo	s.m.	街口，拐角
valigia	s.f.	手提箱，旅行箱
caricare	v.tr.	装载
minuto	s.m.	分钟；一会儿
treno	s.m.	火车
ecco	avv.	这就是
resto	s.m.	余钱
lira	s.f.	里拉
volo	s.m.	航班
pronto	agg.	喂
per cortesia		劳驾
nostro	agg.poss.	我们的

V. 不规则动词

陈述式简单将来时

essere：

io sarò，tu sarai，egli（lui，lei）sarà，noi saremo，voi sarete，essi（loro）saranno

虚拟式现在时

venire：

che io，che tu，che egli（lui，lei）venga，che noi veniamo，che voi veniate，che essi（loro）vengano

VI. Note 注释

① 意大利出租车的颜色为黄色，车顶的顶灯上标有英文“TAXI”(出租车)字样。车内都装有计价器。

② No，ci sono stata già due volte. 代词 ci 可以代替上文中提到过的地点状语。sono stata 是动词 essere 的陈述式阴性单数第一人称近过去时形式。

③ Eccoci arrivati. “ecco”后面跟动词的过去分词表示动作已经完成。

④ Pronto? 和意大利人打电话，无论是发话人还是受话人，拿起电话总是先说“Pronto?”，意为“喂？”。

⑤ Carla，guarda! Quel tassì sarà nostro? 句中的 sarà 是动词 essere 的陈述式简单将来时单数第三人称形式。在这里，简单将来时表示“不肯定，也许”。

Lezione 9 Quante persone ha la sua famiglia?

第九课 您家有几口人？

I. Frasi 句子

81. Dove vive la sua famiglia?
    您家住在哪儿？
82. La mia famiglia vive a Shanghai.
    我家住在上海。
83. Lei è sposato?
    您结婚了吗？
84. Sì, sono sposato.
    是的，我结婚了。
85. Ha figli?
    您有孩子吗？
86. Sì, ne ho due: un maschio e una femmina.
    有的，我有两个孩子：一个男孩，一个女孩。
87. Quante persone ha la sua famiglia?
    您家有几口人？
88. Ne ha sei: mio padre, mia madre, mia moglie, i miei nonni ed io.①
    有六口人：我的父亲，我的母亲，我的妻子，我的祖父母和我。

89. Ha fratelli e sorelle?

您有兄弟和姐妹吗?

90. No, sono figlio unico.

没有,我是独生子。

II. Esercizi sostitutivi 替换练习

1. La mia famiglia vive [a Shanghai].

我家住在[上海]。

a Pechino	北京
a Roma	罗马
a Milano	米兰
in città	城里
in campagna	农村
in un piccolo paese	一个小镇上
in Italia	意大利

2. Ha [figli]?

您有[孩子]吗?

sorelle	姐妹
cugini	表兄妹
una penna	一支钢笔
problemi	问题
un dizionario italiano-inglese	一本意英词典

3. Quante persone ha la sua [famiglia]?

您[家]有多少人?

ditta	公司
fabbrica	工厂
classe	班级

III. Dialogo 会话

A：Dove vive?
您住哪儿？

B：Vivo a Milano.
我住在米兰。

A：Vive a Milano con la sua famiglia?
您和您的家里人一起住在米兰吗？

B：No, i miei genitori vivono a Roma, invece mio fratello vive a Torino.
不，我的父母亲住在罗马，而我的兄弟住在都灵。

A：E Lei dove vive, signor Mario?
马里奥先生，那您住在哪儿？

C：Vivo a Perugia.
我住在佩鲁贾。

A：Vive là da solo?
您一个人住那儿吗？

C：No, vivo con la famiglia di mio zio.
不，我和我伯父的一家住在一起。

* * *

A：Lei è sposato?
您结婚了吗？

B：Sì，sono già sposato.

是的，我已经结婚了。

A：Ha figli?

您有孩子吗？

B：Sì，ne ho uno.

有的，有一个。

A：E' maschio o femmina?

是男孩还是女孩？

B：E' una femmina.

是一个女孩。

A：Quanti anni ha?

她几岁了？

B：Ne ha sei e fa la prima elementare.[②]

六岁，上小学一年级。

A：Sta in Italia con la sua famiglia?

您和您的家里人都在意大利吗？

B：No，la mia famiglia vive a Shanghai.

不，我家里人住在上海。

A：Quante persone ha la sua famiglia?

您家有几口人？

B：Ne ha cinque：mio padre，mia madre，mia moglie，mia figlia ed io.

有五口人：我的父亲，我的母亲，我的妻子，我的女儿和我。

A：Lavorano ancora i suoi genitori?

您的父母亲还在工作吗？

B：No，sono già in pensione.

不，他们已经退休了。

A：Che lavoro fa sua moglie?
您妻子是干什么工作的？

B：E' direttrice di una fabbrica.
她是一家工厂的厂长。

A：Da quanto tempo è in Italia?
您在意大利多长时间了？

B：Già da otto mesi.
已经八个月了。

A：Ha nostalgia di casa?
您想家吗？

B：Sì, perciò scrivo e telefono spesso a casa.
想的，所以我经常给家里写信和打电话。

A：Complimenti! Lei ha una bella famiglia.
祝贺您！ 您有一个幸福的家庭。

* * *

A：Lei è sposato?③
您结婚了吗？

B：No, non ancora.
没，还没结婚。

A：E' fidanzato?
您订婚了吗？

B：Sì.
订婚了。

A：Che lavoro fa la sua ragazza?
您女朋友是干什么工作的？

B：Lei è impiegata di una banca.

她是一家银行的职员。

IV. Vocabolario 词汇表

vivere	v. intr.	生活，居住
sposato	agg.	已婚的
maschio	s. m.	男孩
femmina	s. f.	女孩
persona	s. f.	人
padre	s. m.	父亲
madre	s. f.	母亲
fratello	s. m.	兄弟
sorella	s. f.	姐妹
nonno	s. m.	祖父
unico	agg.	唯一的
da solo		单独地
genitori	s. m. pl.	双亲，父母亲
prima	s. f.	一年级
elementare	agg.	初级的
essere in pensione		退休
direttrice	s. f.	女经理，女厂长
perciò	cong.	因此，所以
nostalgia	s. f.	思乡
scrivere	v. tr.	写；写信
telefonare	v. intr.	打电话
spesso	avv.	经常

fidanzato	agg. s. m.	已订婚的；未婚夫
impiegata	s. f.	女职员
banca	s. f.	银行
ragazza	s. f.	姑娘；女朋友
zio	s. m.	伯伯，叔叔，舅舅，

V. Note　注释

① Ne ha sei: mio padre, ... 代词 ne 在有上下文的情况下，可以代替基数词或其它表示数量的形容词所修饰的名词。使用代词 ne 以后，在答句里，只须回答数字即可。例：

a) Quanti ingegneri ha la sua fabbrica? Ne ha venti.
您的工厂有多少工程师？有二十位工程师。

b) Ha molti giornali italiani? No, ne ho solo due.
您有许多份意大利报纸吗？不，我只有两份。

c) Quante banche ci sono a Shanghai? Ce ne sono molte.
在上海有多少银行？有许多。

② ... fa la prima elementare. 如果他上中学一年级，句子就变为：
Fa la prima media. 意大利的小学是五年制，初中为三年制。

③ 初次见面，意大利人一般不问婚姻问题。

Lezione 10　Quanti anni ha?

第十课　您多大年纪了?

I. Frasi　句子

91. Quanti anni ha?
    您多大年纪了?
92. Ne ho sessantadue.
    我六十二岁。
93. Complimenti! Lei ha sessantadue anni, ma non li dimostra affatto.
    祝贺您! 您六十二岁了,但是一点也看不出来。
94. Lei porta bene gli anni.
    您显得比实际年龄要年轻。
95. Lei ha due anni più di me.
    您比我大两岁。
96. Siamo coetanei.
    我们同年。
97. Ha tre anni meno di te, ma sembra più vecchio di te.
    他比你小三岁,但看上去比你年龄要大。
98. Quanti anni avrà quel signore?
    那位先生大概有多大年纪了?

99. In che anno sei nato?

你是哪年出生的?

100. Sono nato nel 1954 (millenovecentocinquantaquattro).

我出生于一九五四年。

II. Esercizi sostitutivi 替换练习

1. [Quanti anni] ha?

您有[多大年纪了]?

quanti fratelli	多少兄弟
quanti libri	多少书
quanti dipendenti	多少员工
quante fabbriche	多少工厂
quante macchine	几辆小汽车

2. Sembra più [vecchio] di te.

看上去比你[年纪大]。

giovane	年轻
bravo	能干
alto	高
basso	矮

3. Sono nato [nel 1954]. 我出生于[一九五四年]。

il 16 agosto 1965	一九六五年八月十六日
nel maggio del 1972	一九七二年五月
a Pechino	北京
in Cina	中国

III. Dialogo 会话

A：Quanti anni ha?[①]
您多大年纪了？

B：Ne ho trentatrè.
我三十三岁。

A：Lei ha quattro anni più di me, ma sembra più giovane di me.[②]
您比我大四岁，但看上去比我要年轻。

B：Grazie.
谢谢。

A：Lei è sposato?
您结婚了吗？

B：No, non ancora.
没，还没有。

A：Ma ha la ragazza, vero?
但有女朋友了，对吗？

B：Sì. E Lei è già sposato?
是的。那您已经结婚了？

A：Sì, mi sono sposato presto.
是的，我结婚较早。

B：Ha figli?
您有孩子吗？

A：Sì, ho una figlia.
有，有一个女儿。

B：Quanti anni ha?
她几岁了？

A：Ha compiuto due anni proprio ieri.
昨天刚满两岁。

B：Anche il mio nipotino ha due anni! Sua figlia è nata nel 1996[③]，vero?
我的小侄子也两岁，您的女儿生于一九九六年，对吗？

A：Sì，allora loro sono coetanei!
对，那他们俩是同年。

B：Sua moglie lavora?
您的夫人工作吗？

A：Sì. Lei è maestra di una scuola elementare.
工作的。她是一所小学的老师。

B：E la bambina? Con chi sta quando andate al lavoro?
那小孩呢？你们去上班的时候，她和谁在一起？

A：Sta con i miei suoceri.
她和我的岳父母在一起。

* * *

A：Che lavoro fa la sua ragazza?
您女朋友是干什么工作的？

B：Fa l'infermiera.
她是当护士的。

A：I suoi genitori lavorano ancora?
您的父母亲还在工作吗？

B：No，mia madre è in pensione，invece mio padre è mancato un anno fa.[④]

不,我的母亲退休了,而我的父亲于一年前去世了。

A：Mi dispiace. Quanti anni ha sua madre?

很遗憾。您母亲多大年纪了?

B：Ha quasi settant'anni.

她将近七十岁了。

A：Quanti anni avrà il tuo amico, l'ingegner Li?

您的朋友李工程师大概多大年纪了?

B：Lui è più vecchio di me, ha più di quarant'anni.

他比我大,四十多岁了。

A：Ma non li dimostra affatto!

但一点也看不出来!

B：Compierà quarantacinque anni il 26 di questo mese.

这个月二十六日他满四十五岁。

A：E' vero? Allora facciamo una bella festa per lui.

真的吗?那么我们为他好好庆祝一下。

IV. Vocabolario 词汇表

dimostrare	v. tr.	表示,显示
affatto	avv.	一点也不
coetaneo	agg. s. m.	同龄的;同龄人
sembrare	v. intr.	似乎,好像
vecchio	agg.	老的,年老的;旧的
nascere	v. intr.	出生,诞生
giovane	agg.	年轻的

figlia	s.f.	女儿
compiere	v.tr.	完成,结束
nipotino	s.m.	侄子,孙子,外孙
maestra	s.f.	女教师
bambina	s.f.	女孩
suocero	s.m.pl.	岳父;公公; 岳父母;公婆
infermiera	s.f.	女护士
vero	agg.	真的,真实的
quasi	avv.	差不多,几乎

* * *

基数词 0—200

0 zero	11 undici	22 ventidue
1 uno	12 dodici	28 ventotto
2 due	13 tredici	30 trenta
3 tre	14 quattordici	40 quaranta
4 quattro	15 quindici	50 cinquanta
5 cinque	16 sedici	60 sessanta
6 sei	17 diciassette	70 settanta
7 sette	18 diciotto	80 ottanta
8 otto	19 diciannove	90 novanta
9 nove	20 venti	100 cento
10 dieci	21 ventuno	200 duecento

V. 不规则动词变位

陈述式简单将来时

avere:

io avrò, tu avrai, egli (lui, lei) avrà, noi avremo, voi avrete, essi (loro) avranno

VI. Note 注释

① "多大年纪了?"意大利语的结构是 Quanti anni ha? "avere"是动词不定式,使用时要根据被提问的人称进行动词变位。初次见面,意大利人一般不问对方的年龄,尤其不问女士和小姐的芳龄。

② ... sembra più giovane di me. 意大利语的形容词较大和较小比较级由 più...di... 和 meno... di ... 等一些形式组成。例:

a) Tu sei più bravo di lui. 你比他能干。

b) Lui è meno studioso di te. 他学习没有你用功。

③ E' nata nel 1996. 句子中的"è nata"是动词 nascere 的陈述式近过去时单数阴性第三人称形式。sono 是助动词, nata 是动词 nascere 的过去分词。在意大利语中,用 essere 做助动词的动词,其过去分词的词尾要根据主语的性和数而变化。例:

a) Mia madre è nata nel 1936. 我的母亲出生于一九三六年。

b) Loro sono arrivati ieri. 他们是于昨天到达的。（动词不定式 arrivare）

④ ... mio padre è mancato un anno fa. 句子中的 fa 表示时间"……以前"。例：

a) Sono stato in Italia due anni fa. 两年前，我去过意大利。

b) L'ho visto qui pochi minuti fa. 几分钟前，我看到他在这儿。

Lezione 11 Che tempo fa oggi?

第十一课 今天天气怎么样?

I. Frasi 句子

101. Che bel tempo oggi!
 今天天气多好啊!
102. Com'è il tempo oggi?
 今天天气怎么样?
103. Oggi è brutto tempo.
 今天天气不好。
104. Oggi fa bel tempo.[①]
 今天天气晴朗。
105. Stanotte è piovuto.
 昨天夜里下过雨。
106. Qui nevica d'inverno?
 这里冬天下雪吗?
107. Oggi la temperatura massima arriverà a 37 gradi.
 今天最高温度将达到三十七度。
108. Ti piace il clima di Milano?
 你喜欢米兰的气候吗?
109. Da noi piove spesso in primavera.
 我们那儿在春天经常下雨。

110. Il vento ha portato via le nuvole.[②]
风把云刮散了。

II. Esercizi sostitutivi　替换练习

1. Oggi è [brutto tempo].
今天[天气不好]。

nuvoloso	多云
coperto	阴天
umido	(气候)潮湿
secco	(气候)干燥

2. Oggi fa [bel tempo].
今天天气[晴朗]。

brutto tempo	不好
caldo	热
freddo	冷

3. Da noi piove spesso [in primavera].
我们那儿[在春天]经常下雨。

d'estate	在夏天
d'inverno	在冬天
in autunno	在秋天

4. Ti piace [il clima di Milano]?
你喜欢[米兰的气候]吗?

la cucina cinese	中国餐
quel film	那部电影
Roma	罗马
andare al mare	去海边

III. Dialogo 会话

A：Che bel tempo oggi! ③
今天天气多好啊!

B：Sì, il cielo è sereno e l'aria è tiepida.
是的，天空晴朗，气候温暖。

A：Perché non andiamo a fare una passeggiata nel parco qui vicino?
我们干嘛不去附近的公园里散散步呢?

B：Ottima idea!
好主意!

A：Ti piace questo clima ?
你喜欢这儿的气候吗?

B：Sì. Qui il tempo è sempre così bello in questo periodo?
喜欢的。在这儿，这个时候天气一直是这样好吗?

A：Sì. Da voi piove spesso in primavera?
是的。你们那儿春天经常下雨吗?

B：No, non molto, ma tira spesso il vento.
不，不经常下雨，但是经常刮风。

A：Qui d'inverno nevica?

这儿冬天下雪吗？

B：Sì, nevica molto.

下的，下得很多。

A：Allora fa molto freddo d'inverno!

那么这儿冬天很冷。

B：Sì. Anche a Shanghai fa freddo d'inverno?

是的。上海的冬天也很冷吗？

A：Sì, ma nevica raramente .

是的，但是很少下雪。

B：Ti piace il mare?

你喜欢大海吗？

A：Sì, molto. Infatti vorrei passare le mie vacanze al mare anche quest'anno.

非常喜欢。实际上，今年我还想去海边度假。

B：Com'è il clima a Shanghai d'estate?

上海夏天的气候怎么样？

A：E' caldo e umido. Qualche volta la temperatura arriva anche a 37 gradi.

又热又潮湿。有时候温度甚至达到三十七度。

B：A Pechino? Anche a Pechino fa caldo?

北京呢？北京也很热吗？

A：Sì, ma a Pechino il clima è secco.

是的，但是北京气候很干燥。

B：Dimmi④, Li Lin, qual è la stagione migliore per fare del turismo in Cina?

李林，请你告诉我，最好在什么季节去中国旅游？

A：L'autunno è la migliore stagione：non fa né caldo né freddo.

秋天是最好的季节：天气不冷也不热。

B：Allora vado in Cina con mia moglie per il prossimo autunno.

那么明年秋天我和我妻子去中国。

IV. Vocabolario 词汇表

piovere	v. intr. impers.	下雨
nevicare	v. intr. impers.	下雪
inverno	s. m.	冬天
temperatura	s. f.	温度
massimo	agg.	最大的，最高的
clima	s. m.	气候
primavera	s. f.	春天
portare via		带走；拿走
vento	s. m.	风
nuvola	s. f.	云
cielo	s. m.	天空
sereno	agg.	晴朗的
tiepido	agg.	温暖的
fare una passeggiata		散步
tirare	v. intr.	刮(风)
mare	s. m.	海
vacanza	s. f.	假期
passare	v. tr.	度，度过

estate	s.f.	夏天
stagione	s.f.	季节
migliore	agg.	较好的,更好的
turismo	s.m.	旅游
autunno	s.m.	秋天

V. Note 注释

① Oggi fa bel tempo. 当动词"fare"表示气象现象时,它是作为无人称形式使用的。在这种情况下,动词用单数第三人称形式。动词 piovere 和 nevicare 也采用这种形式。

② Il vento ha portato via le nuvole. "portare via"是一个固定词组,意为"带走,拿走,偷走"。这个词组的确切意思要根据上下文理解。

③ Che bel tempo oggi! 本句中的"che"起感叹词作用。在感叹词"che"的后面可以跟形容词和名词。

④ 本句中的"dimmi"是动词"dire"命令式第二人称单数和间接补语第一人称单数代词的组合形式。

Lezione 12　Che giorno è oggi?

第十二课　今天星期几?

I. Frasi　句子

111. Quanti ne abbiamo oggi?
今天几号?

112. Oggi ne abbiamo dodici.
今天十二号。

113. Che giorno è oggi?①
今天星期几?

114. Oggi è domenica.
今天星期天。

115. Oggi è il venticinque dicembre: è Natale.
今天是十二月二十五号,是圣诞节。

116. Martedì prossimo parto per l'Italia.
下星期二我出发去意大利。

117. Quando sei arrivato in Italia?
你什么时候到意大利的?

118. Sono arrivato in Italia il primo settembre 1998.
我是一九九八年九月一日到意大利的。

119. In che anno ti sei laureato?
你是哪一年毕业的?

120. Mi sono laureato in medicina nel 1982.

我于一九八二年毕业于医学专业。

II. Esercizi sostitutivi　替换练习

1. Oggi ne abbiamo [dodici].
   今天[十二号]。

tre	三号
otto	八号
undici	十一号
trenta	三十号

2. Sono arrivato in Italia il primo [settembre] 1998.
   我是一九九八年[九月]一日到意大利的。

gennaio	一月
febbraio	二月
marzo	三月
aprile	四月
maggio	五月
giugno	六月
luglio	七月
agosto	八月
ottobre	十月
novembre	十一月
dicembre	十二月

3. Oggi è [domenica].

今天[星期天]。

lunedì	星期一
martedì	星期二
mercoledì	星期三
giovedì	星期四
venerdì	星期五
sabato	星期六

III. Dialogo 会话

A: Carla, quanti ne abbiamo oggi?

卡拉, 今天几号?

B: Oggi ne abbiamo cinque.

今天五号。

A: Siamo in maggio, vero?

现在是五月份, 对吗?

B: Sì. Ma perché mi fai tutte queste domande?

对。你为什么向我提这些问题呢?

A: Perché il 5 maggio② è il mio compleanno.

因为五月五日是我的生日。

B: Davvero?

真的吗?

A: Sì. Sono nata il 5 maggio 1968.③

真的。我出生于一九六八年五月五日。

B: Allora, oggi tu compi 30 anni.

那么, 你今天刚好满三十岁。

A：Sì，perciò voglio fare una bella festa con gli amici. Vieni anche tu!
是的，所以我想和我的朋友们好好庆祝一下。你也来吧！

B：Grazie per il tuo invito e verrò sicuramente!
谢谢你的邀请，我一定来。

A：Allora ci vediamo questo pomeriggio a casa mia.
那么，今天下午在我家见。

B：Va bene. Tanti auguri e cento di questi giorni!
行。祝你生日快乐，长命百岁！

A：Grazie e ci vediamo questo pomeriggio!
谢谢，我们下午见！

* * *

A：Scusi，signore，che cosa devo scrivere qui?
对不起，先生，在这儿我该写什么？

B：Lei deve mettere la sua data di nascita.
您应该填上您的出生日期。

A：E qui?
那这儿呢？

B：La data di ingresso in Italia. Quando è arrivato in Italia?
在意大利入境的日期。您是什么时候到意大利的？

A：Sono arrivato il 4 febbraio 1999. Qui devo mettere la data di oggi, vero?

我是一九九九年二月四日到的。这儿我得填上今天的日期，对吗？

B：Sì.

对。

A：Scusi, che giorno è oggi?

对不起，今天几号？

B：Oggi è il 6 aprile.

今天是四月六号。

A：Come vola il tempo! Siamo già in aprile!

时间过得飞快！现在已经是四月份了！

IV. Vocabolario 词汇表

dodici	agg. num. card.	十二
domenica	s. f.	星期天
dicembre	s. m.	十二月
venticinque	agg. num. card.	二十五
martedì	s. m.	星期二
prossimo	agg.	下一个的，下一次的
primo	agg. num. ord.	第一
settembre	s. m.	九月
laurearsi	v. rifl.	大学毕业
medicina	s. f.	医学；药
cinque	agg. num. card.	五

maggio	s. m.	五月
domanda	s. f.	问题
compleanno	s. m.	生日
compiere	v. tr.	完成，结束
invito	s. m.	邀请
pomeriggio	s. m.	下午
data	s. f.	日期
nascita	s. f.	出生，诞生
ingresso	s. m.	入口；进入
febbraio	s. m.	二月
volare	v. intr.	飞行

V. 不规则动词变位

陈述式现在时：

compiere：

io compio, tu compi, lui (lei) compie, noi compiamo, voi compite, essi (loro) compiono

VI. Note 注释

① Che giorno è oggi? 有两层意思，它既可理解为"今天星期几？"，也可解释为"今天几号？"。

② 在意大利语中，除每月的一号用序数词，其它都用基数词。

③ 在意大利语中，表示日期的时间状语表达法有以下几种：

il 20 marzo 1998	1998 年 3 月 20 日
nel giugno del 1986	在 1986 年 6 月
nel 1860	在 1860 年
in agosto	在 8 月
domenica prossima	下个星期天
sabato scorso	上个星期六

Lezione 13 Che ora è?

第十三课 几点了?

I. Frasi 句子

121. Che ora è?
现在几点了?

122. E' l'una e venti.
现在是一点二十分。

123. Il mio orologio si è fermato, sa dirmi che ore sono?
我的表停了,您能告诉我现在几点了吗?

124. Sono le tre e mezzo.
现在是三点半。

125. A che ora parte il treno per Venezia?
开往威尼斯的火车几点出发?

126. Alle otto meno cinque.
八点差五分。

127. Il mio orologio va indietro e fa solo le quattro e un quarto.
我的表慢了,才四点一刻。

128. La riunione comincia alle nove in punto.
会议九点整开始。

129. E' già mezzogiorno! E' ora di pranzo.
已经中午十二点了,是吃饭的时间了。

130. Puoi venire da me alle cinque del pomeriggio?
你可以在下午五点钟到我这儿来吗?

II. Esercizi sostitutivi 替换练习

1. E'[l'una e venti].
现在是[一点二十分]。

l'una e dieci	一点十分
l'una e mezzo	一点半
l'una e tre quarti	一点三刻
mezzogiorno	中午十二点
mezzanotte	午夜十二点

2. Sono le [tre e mezzo].
现在是[三点半]。

due e cinque	两点零五分
sei e un quarto	六点一刻
cinque e tre quarti	五点三刻
otto meno dieci	八点差十分
quattro in punto	四点整
nove passate	过九点了

3. [La riunione] comincia alle nove in punto.
[会议]九点整开始。

La lezione	课
Il film	电影
Lo spettacolo	戏
Il lavoro	工作

4. E' ora di [pranzo].
是[吃午饭]的时间了。

colazione	早饭
cena	晚饭
mangiare	吃饭
partire	出发
alzarsi	起床

5. A che ora parte [il treno per Venezia]?
[开往威尼斯的火车]几点出发?

il volo per Roma	飞往罗马的航班
il pullman per Milano	开往米兰的汽车
la nave per Palermo	到巴勒莫的轮船

III. Dialogo 会话

A: Che ora è?①
现在几点了?

B: E' l'una e un quarto.②
现在是一点一刻。

A: Il mio orologio si è fermato e fa solo l'una e cinque.
我的表停了,才一点零五分。

B：A che ora comincia la riunione?
会议几点开始？

A：Comincia alle due in punto.③
两点整开始。

B：Andiamo via adesso?
我们现在就走吗？

A：No, è ancora presto. Partiamo fra un quarto d'ora!
不，现在还早呢。过一刻钟再走吧！

B：Va bene. Sai quanto tempo durerà la riunione?
行。你知道会要开多久？

A：Circa due ore.
大约两个小时。

B：Stasera vuoi venire da me a cena?
今天晚上你想到我这儿来吃晚饭吗？

A：Sì, grazie. A che ora posso venire?
好的，谢谢。我几点可以来？

B：Verso le otto, ti va bene?
将近八点，行吗？

A：Va bene. Grazie per l'invito!
行。谢谢你的邀请。

* * *

A：E' già tardi, è ora di partire.
已经迟了，是出发的时间了。

B：Che ore sono?
现在几点了？

A：Sono quasi le sette e mezzo.

差不多七点半了。

B：A che ora parte il nostro volo?

我们的航班几点起飞？

A：Alle nove meno dieci.

九点差十分。

B：Dobbiamo sbrigarci, altrimenti perderemo il volo.

我们得快一点，否则要误机了。

* * *

A：Elena, sai a che ora chiude la banca?

爱莲娜，你知道银行几点关门吗？

B：Alle cinque e mezzo del pomeriggio.

下午五点半。

A：Che ora è?

现在几点了？

B：Sono già le cinque passate.

现在已经过五点了。

A：Allora devo andarci subito!

那我得马上就去。

B：Aspetta, Giovanna! Sai l'orario dei negozi del centro?

等一等，乔瓦娜！你知道市中心商店的营业时间吗？

A：Sì, sono aperti dalle nove e mezzo di mattina fino alle dieci di sera.

知道的，从早上九点一直开到晚上十点。

IV. Vocabolario 词汇表

ora	s. f.	小时
venti	agg. num. card.	二十
orologio	s. m.	钟,表
fermarsi	v. rifl.	停止
mezzo	s. m.	一半
meno	avv.	缺,差
otto	agg. num. card.	八
indietro	avv.	(表)慢
riunione	s. f.	会议
cominciare	v. intr.	开始
mezzogiorno	s. m.	中午,正午
quarto	s. m.	一刻钟
fra	prep.	过……时间之后
durare	v. intr.	持续,延续
cena	s. f.	晚饭
verso	prep.	将近
sbrigarsi	v. rifl.	赶快,赶忙
altrimenti	avv.	否则
perdere	v. tr.	错过,延误
chiudere	v. tr.	关门
passato	agg.	过去的
negozio	s. m.	商店
orario	s. m.	时刻表,工作时间表
aperto	agg.	开着的;营业的

fino a 直到

V. Note 注释

① “现在几点钟?”在意大利语中有两种提问形式,即“Che ora è?”和“Che ore sono?”。回答的时候,如表示一点钟或一点零几分时,动词用“essere”的陈述式现在时的单数第三人称。如表示钟点两点和两点以后的,动词则用复数第三人称形式。

② 表示几点零几分,句子结构为:essere + 定冠词(阴性) + 数词(小时) + e + 数词(分)。例如:

Sono le tre e cinque. 现在三点零五分。

E' l'una e quaranta. 现在一点四十分。

表示几点差几分,句子结构为:essere + 定冠词(阴性) + 数词(小时) + meno + 数词(分)。例如:

Sono le due meno dieci. 现在两点差十分。

Sono le cinque meno cinque. 现在五点差五分。

③ 在几点钟干什么事,前置词用“a”。例如:

Vado a scuola alle sette e mezzo di mattina. 我上午七点半去学校。

A che ora posso venire da te? 我几点钟可以到你这儿来?

Lezione 14 Pronto, con chi parlo?

第十四课 喂,您是哪位?

I. Frasi 句子

131. Pronto[①], con chi parlo?
喂,您是哪位?

132. Buongiorno, sono Ma Lin. Vorrei parlare con il signor Rossi.
您好,我是马林。我想和罗西先生通话。

133. Per telefonare all'esterno, devo passare per il centralino?
打外线,得通过总机吗?

134. Posso chiamare Shanghai con la teleselezione?
我往上海打电话,可以直接拨号吗?

135. Pronto? Signore è in linea, parli, prego!
喂?先生,电话接通了,请讲吧!

136. La linea è occupata, lei può provare di nuovo più tardi.
现在电话占线,您可以过一会儿再试试。

137. Non sento bene. Per favore, parli un po' più forte!

我听不清楚。请您讲大声点！

138. Lei può dirmi il prefisso di Milano?

您可以告诉我米兰的电话区号吗？

139. Pronto? Sono Wang Yue, vorrei parlare con l'interno due sei otto.②

喂？我是王岳，我要 268 分机。

140. Scusi, qui vicino c'è un telefono pubblico?③

请问，这儿附近有公用电话吗？

II. Esercizi sostitutivi 替换练习

1. Vorrei parlare con [il signor Rossi].

我想和[罗西先生]通话。

il professor Giorgio	乔尔乔教授
la signorina Maria	玛丽娅小姐
il direttore generale	总经理
l'ufficio personale	人事部
l'ufficio tecnico	技术处

2. Pronto? Sono Wang Yue, vorrei parlare con l'interno [due sei otto].

喂？我是王岳，我要[268]分机。

tre cinque due	352
trentaquattro ventisei	3426
duecentonove	209

3. Lei può dirmi [il prefisso di Milano]?
您可以告诉我[米兰的电话区号]吗?

il prefisso teleselettivo della Cina	中国的电话直拨号
dove posso comprare una scheda telefonica	我在哪儿可以买到电话磁卡
quando ritorna il signor Paolo	保罗先生什么时候回来
dove si possono trovare i gettoni	在哪儿可以换到电话筹码
quanto è il canone	租金是多少

III. Dialogo 会话

A: Pronto, qui società Gasparini. Buongiorno!
喂,这儿是嘎斯巴里尼公司,您好!

B: Buongiorno! Sono Wang Lin, vorrei parlare con l'interno due sette sei .
您好! 我是王林,我要内线 276。

A: E' occupato il numero desiderato da Lei. Con chi desidera parlare?④
您要的电话号码占线。您想和谁通话?

B: Con il signor Andrea, dell'ufficio tecnico.
技术处的安德雷奥先生。

A: Rimanga in linea e glielo⑤ passo subito.
请您别挂电话,我马上给您接过去。

B：Grazie.
谢谢。

A：Pronto? Signore è in linea, parli, prego!
喂？先生，电话接通了，请讲吧！

B：Grazie, signorina.
谢谢，小姐。

C：Pronto?
喂？

B：Ciao, Andrea!
你好，安德雷奥！

C：Ciao, Wang Lin! Dove sei?
你好，王林！你在哪儿？

B：Sono in Italia, a Roma.
我在意大利，在罗马。

C：Che sorpresa!
真让人感到意外！

B：Sono qui con una delegazione. Domani veniamo a Firenze.
我在这儿是陪一个代表团。明天我们来佛罗伦萨。

C：Quanto tempo rimarrete a Firenze?
你们在佛罗伦萨逗留多少时间？

B：Due giorni.
两天。

C：Allora possiamo vederci, vero? Io voglio tanto vederti.
那么我们可以见见面，对吗？我很想见到你。

B：Certo! Anch'io voglio vederti.
当然！我也想见到你。

C：Allora ti dò il numero telefonico del mio telefonino：zero trentatrè cinquantadue sessantacinque due uno otto.
那么我把我的手机电话号给你:0335265218。

B：Grazie. Con questo numero posso trovarti in qualsiasi momento.
谢谢。有了这号码，我可以在任何时候都找得到你了。

C：Quando sarai a Firenze，chiamami e dimmi quando possiamo vederci.
你到了佛罗伦萨，给我打个电话，告诉我，我们什么时候可以见面。

B：D'accordo. Ciao e tanti saluti a casa!
行。再见，向你家里人问候！

C：Grazie. Ciao e buona permanenza in Italia!
谢谢。再见，祝你在意大利逗留愉快！

* * *

A：Pronto? Vorrei parlare con il signor Rossi.
喂？我想要罗西先生听电话。

B：Il signor Rossi è fuori sede，può provare di nuovo più tardi.
罗西先生外出了，您可以过一会儿再试试。

A：Posso lasciargli un messaggio?
我可以给他留个言吗？

B：Certo!

当然可以！

A：Mi faccia richiamare al numero trentasette cinquanta otto zero sei entro le diciotto.

您让他在十八点以前给我打个电话，号码是3750806。

B：Va bene，glielo farò avere sicuramente.

行，我一定转告他。

A：Grazie e arrivederla!

谢谢，再见！

* * *

A：Scusi，in questo albergo c'è un elenco telefonico?

请问，这旅馆里有电话号码簿吗？

B：Sì，nella cabina telefonica.

有的，在电话间里。

A：Per telefonare all'esterno bisogna passare per il centralino?

打外线，得通过总机转吗？

B：Prima Lei deve fare lo zero e poi il numero desiderato.

您先得拨"0"，然后再拨您想要通话的号码。

A：Da qui posso chiamare Pechino con la teleselezione?

在这儿往北京打电话，我可以直接拨号吗？

B：Sì，ma prima si deve fare sempre lo zero，poi zero zero ottantasei，prefisso teleselettivo della Cina e il numero desiderato.

可以，但还是先要拨一个“0”，然后拨中国的直拨号码，0086，再拨您要的号码。

A：Grazie mille.

非常感谢。

B：Prego.

别客气。

IV. Vocabolario　词汇表

esterno	s.m.	外线；外部
passare	v.intr.	通过，经过
centralino	s.m.	电话总机
teleselezione	s.f.	直拨电话
provare	v.tr.	试
prefisso	s.m.	电话序号
sentire	v.tr.	听见，听到
interno	s.m.	内线；内部
telefono pubblico		公用电话
desiderare	v.tr.	愿望，希望；渴望
delegazione	s.f.	代表团
rimanere	v.intr.	停留，逗留
volere	v.servil.	要，想要
domani	avv.	明天
numero telefonico		电话号码

qualsiasi	agg. indef.	任何的
permanenza	s. f.	逗留
telefonino, telefono cellulare		手机,移动电话
fuori	avv.	在外面
sede	s. f.	公司、机关等所在地
zero	s. m.	零
albergo	s. m.	旅馆
elenco telefonico		电话号码簿
cabina telefonica		电话亭,电话间

基数词	1 - 200	序数词 1 - 200
1	uno	primo
2	due	secondo
3	tre	terzo
4	quattro	quarto
5	cinque	quinto
6	sei	sesto
7	sette	settimo
8	otto	ottavo
9	nove	nono
10	dieci	decimo
11	undici	undicesimo
12	dodici	dodicesimo
13	tredici	tredicesimo
14	quattordici	quattordicesimo
15	quindici	quindicesimo
16	sedici	sedicesimo

17	diciassette	diciassettesimo
18	diciotto	diciottesimo
19	diciannove	diciannovesimo
20	venti	ventesimo
21	ventuno	ventunesimo
22	ventidue	ventiduesimo
28	ventotto	ventottesimo
30	trenta	trentesimo
40	quaranta	quarantesimo
50	cinquanta	cinquantesimo
60	sessanta	sessantesimo
70	settanta	settantesimo
80	ottanta	ottantesimo
90	novanta	novantesimo
100	cento	centesimo
200	duecento	duecentesimo

V. 不规则动词变位

陈述式现在时

volere:

io voglio, tu vuoi, egli (lui, lei) vuole, noi vogliamo, voi volete, essi (loro) vogliono

陈述式简单将来时

rimanere:

io rimarrò, tu rimarrai, egli (lui, lei) rimarrà,

noi rimarremo, voi rimarrete, essi (loro) rimarranno

命令式

tu rimani, Lei rimanga, noi rimaniamo, voi rimanete, Loro rimangano

VI. Note 注释

① 当您接意大利人的电话或给意大利人打电话时,拿起话筒要讲的第一句话就是"Pronto?",意为"喂?"。

② 在意大利语中,表达电话号码可以用以下几种方式:三位数号码,如:236,可以说 due tre sei, 也可以说 duecentotrentasei;四位数号码,如:2665,可以说 due sei sei cinque, 也可以说 ventisei sessantacinque;七位数号码,如:3659728,可以说 tre sei cinque nove sette due otto, 也可以说 trentasei cinquantanove settecentoventotto, 或可说 trentasei cinquantanove sette due otto。

③ 意大利电话普及率很高,打电话十分方便。在公共场所,尤其在酒吧和咖啡馆都有公用电话。就是在街头和马路边也有很多公用电话亭。这些电话可以用电话筹码(gettone),也可以用硬币(moneta)和电话磁卡。这些公用电话可以打国内直拨,也可以打国际直拨电话。电话筹码可以在酒吧或在烟草杂货店里用硬币换取;在书报亭或烟草杂货店里可以买到电话磁卡。在意大利

装一部电话很容易，到电话局（Telecom Italia，以前叫 SIP）办一下手续即可，一般在三天内就可以装上。电话局免费提供电话机和本市电话号码簿，并每年为用户免费更换新的电话号码簿。近年，在意大利移动电话（telefonino，也可以说 telefono cellulare）的使用也已非常普及。

④ Con chi desidera parlare? 在“desiderare”这个动词后面，可以直接跟动词不定式，两个动词之间无须用前置词。

⑤ Glielo passo subito. 本句中的“glielo”是一个组合代词。

Lezione 15 Dov'è l'ufficio postale più vicino?

第十五课 最近的邮局在哪儿?

I. Frasi 句子

141. Scusi, dov'è l'ufficio postale più vicino?
请问,最近的邮局在哪儿?

142. Vorrei spedire questa lettera in Cina via aerea, quanto devo affrancarla?
我想把这封信寄往中国,寄航空,我得贴多少邮票?

143. Per favore, mi dia due francobolli da mille lire e uno da trecento.
请您给我两张一千里拉,一张三百里拉的邮票。

144. Dov'è lo sportello per le raccomandate?
办理挂号信的窗口在哪儿?

145. Vorrei spedire questa lettera per espresso.
我想寄这封信,寄快件。

146. Dov'è la cassetta per la posta?
信箱在哪儿?

147. A quale sportello devo rivolgermi[1] per spedire questo pacco?

寄这个包裹,我得到哪个窗口去办理?

148. Riempia questo modulo per favore!

请填一下这张单子!

149. Per i francobolli commemorativi si deve andare allo sportello 12.

买纪念邮票,得去十二号窗口。

150. Vorrei aprire un conto corrente postale.

我想开一个邮政储蓄账户。

II. Esercizi sostitutivi 替换练习

1. Vorrei spedire [questa lettera] in Cina.

我想把[这封信]寄往中国。

questo pacco	这个包裹
queste cartoline	这些明信片
questi libri	这些书
questi campioni	这些样品

2. Dov'è lo sportello per [le raccomandate]?

办理[挂号信]的窗口在哪儿?

i pacchi	包裹
i telegrammi	电报
il pagamento delle bollette	交水电费
il vaglia telegrafico	电汇

3. Vorrei spedire questa lettera per [espresso].
我想寄这封信，寄[快件]。

posta ordinaria	平信
posta aerea	航空
raccomandata	挂号
corriere	快递
D.H.L.	国际快递

III. Dialogo 会话

A: Scusi, dov'è l'ufficio postale più vicino?
请问，最近的邮局在哪儿？

B: Là, di fronte a quel bar.
那儿，在那家酒吧的对面。

A: Grazie.
谢谢。

* * *

A: Vorrei spedire questa lettera in Cina.
我想把这封信寄往中国。

B: Per via aerea o per via ordinaria?
寄航空还是平信？

A: Per via aerea. Quanto devo affrancarla?
航空。我得贴多少邮票？

B: Milletrecento lire.
一千三百里拉。

A：Mi dia per favore tre francobolli da mille lire e uno da trecento[2].

请您给我三张一千里拉，一张三百里拉的邮票。

B：Ecco tre da mille e uno da trecento.

喏，三张一千，一张三百。

A：Grazie. Ma da Lei ci sono anche francobolli commemorativi?

谢谢。您这儿也有纪念邮票吗？

B：No. Lei fa collezione dei francobolli?

没有。您集邮吗？

A：Io no. Li prendo per un mio amico.

我不集邮。我是为一位朋友买。

B：Per i francobolli commemorativi si deve andare allo sportello 15.

买纪念邮票，得去十五号窗口。

A：Grazie. Scusi, un'altra cosa：dov'è lo sportello per i pacchi?

谢谢。对不起，再问一件事：办理包裹的窗口在哪儿？

B：Là in fondo, allo sportello 5.

在那儿尽头，五号窗口。

A：Grazie mille.

万分感谢。

* * *

A：Vorrei spedire questo pacco in Cina, per posta raccomandata.

我想把这个包裹寄往中国,寄挂号。

B: Riempia questo modulo, per favore!

请填一下这张单子!

A: Scusi, che cosa devo scrivere qui?

请问,这儿我得填什么?

B: Qui scriva nome, cognome e indirizzo del mittente e là quelli del destinatario.

这儿,请您填上寄件人的姓名和地址,那儿填收件人的姓名和地址。

A: Ecco fatto. Scusi, in questa posta c'è un servizio telefax?

喏,填好了。请问,在这邮局里有传真业务吗?

B: Sì, allo sportello 10.

有的,在十号窗口。

IV. Vocabolario 词汇表

ufficio postale		邮局
spedire	v. tr.	寄发
lettera	s. f.	信
aereo	agg.	航空的
affrancare	v. tr.	贴邮票,付邮资
sportello	s. m.	窗口
raccomandata	s. f.	挂号信
francobollo	s. m.	邮票
espresso	s. m.	快件,快信
cassetta per la posta		信箱

rivolgersi	v. rifl.	转向
pacco	s. m.	包裹
riempire	v. tr.	填写
modulo	s. m.	表格
commemorativo	agg.	纪念的
ordinario	agg.	普通的，平常的
conto corrente postale		邮政储蓄账户
di fronte a		在……对面
collezione	s. f.	收集，收藏
in fondo		在尽头
nome	s. m.	名字
cognome	s. m.	姓名
mittente	s. m. s. f.	寄信人，寄件人
destinatario	s. m.	收信人，收件人
telefax	s. m.	传真

V. Note　注释

① "rivolgermi"是有反身动词"rivolgersi"变化而来。在意大利语中，反身动词的代词"si"要根据动词所表示的人称起相应的变化：io mi rivolgo, tu ti rivolgi, lui si rivolge, noi ci rivolgiamo, voi vi rivolgete, essi si rivolgono. 例如：

a. Se avete bisogno di aiuto, potete rivolgervi a quel mio amico.（如果你们需要帮助，可以找我的那位朋友。）

b. A che ora ti alzi la mattina?（早上你几点起

床?)(动词 alzarsi)

c. Devi vestirti bene perché oggi fuori fa molto freddo. 你得多穿点衣服,因为今天外面很冷。(动词 vestirsi)

② 前置词"da"在意大利语中用途较广泛。在本句中,它表示"价值"。

Lezione 16 Quando sarà pronto il mio visto?

第十六课 我的签证何时能办好?

I. Frasi 句子

151. Scusi, dov'è l'Ufficio Stranieri?
请问,外国人办公室在哪儿?

152. Vorrei chiedere il permesso di soggiorno.
我要申请办理居留证。

153. Lei deve andare alla Questura per rinnovare il permesso di soggiorno.
您得去警察局办理延长居留证的手续。

154. Posso avere un visto di multi-entrata?
我可以办一个多次往返的签证吗?

155. Quando sarà pronto il mio visto?
我的签证何时能办好?

156. Lei può tornare fra dieci giorni per ritirare il visto.
您可以十天以后来取签证。

157. Ho perso il mio permesso di soggiorno, che cosa devo fare?
我的居留证丢了,需要办什么手续?

158. Ci vogliono due foto e una marca da bollo da trentamila lire.
需要两张照片和一张三万里拉的印花税票。

159. Il mio passaporto è valido fino al 2 luglio 2003.
我的护照的有效期至 2003 年 7 月 2 日。

160. Quando scade il mio visto?
我的签证何时到期?

II. Esercizi sostitutivi 替换练习

1. Lei deve andare alla Questura per [rinnovare il permesso di soggiorno].
您得去警察局[办理延长居留证的手续]。

chiedere il visto	申请办理签证
ritirare il permesso di soggiorno	取回居留证
chiedere informazioni	询问消息

2. Quando scade [il mio visto]?
[我的签证]何时到期?

il passaporto	护照
la patente di guida	驾驶执照
il contratto	合同
questo accordo	这个协议

3. Quando sarà pronto il mio [visto]?

我的[签证]何时能办好?

permesso di soggiorno	居留证
documento	证件

III. Dialogo 会话

A: Buongiorno, signore. Vorrei chiedere il permesso di soggiorno.①

您好,先生! 我要申请办理居留证。

B: Va bene. Mi dia il passaporto, per favore.

行。请您把护照给我!

A: Eccolo a lei.

喏,给您。

B: Il suo visto è stato rilasciato② dal Consolato Italiano a Shanghai?

您的签证是意大利驻上海领事馆签发的?

A: Sì.

对。

B: Per quanto tempo vuole trattenersi in Italia?

您想在意大利逗留多少时间?

A: Per un anno.

一年。

B: Per quale motivo?

出于什么原因?

A: Per studio.

为了学习。

B：Lei è borsista?
您是奖学金生吗？

A：Sì，sono borsista del Governo Italiano.
是的，我是意大利政府的奖学金生。

B：Allora mi dia la lettera di assegnazione[3]，per favore.
那么，请您把奖学金证明给我。

A：Eccola.
喏，在这儿。

B：Signore，ora lei deve riempire questo modulo.
先生，现在您得填一下这张表格。

A：Va bene. Lo faccio subito.
行。我马上就填。

B：Ci vogliono[4] due foto e una marca da bollo da trentamila lire.
需要两张照片和一张三万里拉的印花税票。

A：Scusi，dove posso trovare la marca da bollo?
请问，我在哪儿可以买到印花税票？

B：Dal tabaccaio.[5]
在烟草杂货店。

A：Grazie. Ecco fatto.
谢谢。喏，填好了。

B：Lei non ha ancora firmato. Deve mettere la sua firma qui.
您还没签名。您得在这儿签上您的名。

A：Scusi，l'ho dimenticata. Quando sarà pronto?
对不起，我忘了签名。什么时候能办好？

B: Fra una decina di giorni. Tenga questo scontrino.

十来天以后。您拿着这条子。

A: Grazie. Fra dieci giorni ritornerò a ritirarlo con questo scontrino.

谢谢。十天以后,我拿着这条子来取居留证。

B: Sì.

对。

A: Scusi, mi può dire qual è l'orario del Vostro ufficio?

请问,您能告诉我您们的办公时间吗?

B: Dalle nove alle tredici.

九点至下午一点。

A: Grazie e arrivederci!

谢谢,再见!

IV. Vocabolario 词汇表

chiedere	v. tr.	要求,请求;询问
permesso di soggiorno		居留证
Questura	s. f.	警察局
rinnovare	v. tr.	更换,续订
perdere	v. tr.	遗失
passaporto	s. m.	护照
visto di multi-entrata		多次往返的签证
viaggio	s. m.	旅行
ci vogliono		需要
foto	s. f.	照片

marca da bollo		印花税票
valido	agg.	有效的
scadere	v. intr.	到期，期满
ritirare	v. tr.	取回，领取
rilasciare	v. tr	发给，颁发
consolato	s. m.	领事馆
trattenersi	v. rifl.	停留
motivo	s. m.	原因
studio	s. m.	学习
borsista	s. m. s. f.	享受奖学金者
governo	s. m.	政府
lettera di assegnazione		奖学金证明
mettere	v. tr.	放，置
dimenticare	v. tr.	忘记
firmare	v. tr.	签字
tabaccaio	s. m.	烟草杂货店老板
decina	s. f.	十个，十个左右
tenere	v. tr.	拿着，持
scontrino	s. m.	凭证，收条

V. 不规则动词变位

命令式

tenere:

tu tieni, Lei tenga, noi teniamo, voi tenete, Loro tengano

VI. Note 注释

① 按照意大利警察局的规定,外国人到意大利以后,必须在一个星期内持有关证件,照片和印花税票去警察局办理居留证。

② “è stato rilasciato”是动词“rilasciare”的被动式近过去时单数阳性第三人称形式。

③ “lettera di assegnazione” 是奖学金证明,也可以译为“奖学金分配证明”。

④ “ci vogliono”表示“需要”。如果后面的名词是单数,用“ci vuole”。例如:

a. Ci vuole molta pazienza per fare questo lavoro.
做这工作需要很大的耐心。

b. Ci vogliono dieci minuti per arrivare alla stazione. 到火车站需要十分钟。

⑤ 前置词“da”的用法很多,在某人那儿只是其中的一种用法。如:

a. Vado dal medico. 我去医生那儿。

b. Vengo dallo zio. 我从舅舅那儿过来。

Lezione 17 Vorrei una camera singola

第十七课 我要一个单人房间

I. Frasi 句子

161. Signore, avete una camera libera per questa sera?
先生,今天晚上你们还有空房间吗?

162. Ho una camera prenotata per tre notti. Ecco la conferma.
我预定了一个住三个晚上的房间。喏,这是订房确认单。

163. Vorrei una camera singola con bagno.
我要一个有卫生间的单人房。

164. La prima colazione è inclusa nel prezzo?
早餐包括在房价里了吗?

165. Domani mattina desidero essere svegliato[①] alle sette.
明天早上七点给我叫醒一下。

166. Le va bene se la sua camera guarda sulla strada?
您的房间临街,行吗?

167. Per cortesia, mi può lasciare un suo documento?
劳驾,能把您的证件留给我吗?

168. Mi chiami un tassì, per favore!
请给我叫一辆出租车!

169. Per favore, mi dia la chiave della camera 869!
请给我 869 号房间的钥匙!

170. Posso pagare il conto con questa carta di credito?
我可以用这张信用卡付账吗?

II. Esercizi sostitutivi 替换练习

1. Ho una camera prenotata per [tre notti].
我订了一个住[三个晚上]的房间。

una notte	一个晚上
cinque giorni	五天
una settimana	一个星期

2. Vorrei una camera [singola].
我要一个[单人]房间。

doppia	双人
a due letti	有两张床的
con letto matrimoniale	有双人床的
più a buon mercato	更便宜点的

3. Le va bene se la sua camera guarda[sulla strada]?
您的房间[临街],行吗?

sul giardino	朝着花园
sulla piazza	朝着广场
a sud	朝南
a nord	朝北

4. Per cortesia, mi può lasciare [un suo documento]?
劳驾,能把[您的证件]留给我吗?

la carta d'identità	身份证
il passaporto	护照
la patente di guida	驾驶执照
il suo numero telefonico	您的电话号码
la chiave	钥匙

III. Dialogo 会话

A: Buonasera, signore.
晚上好,先生!

B: Buonasera. Ha una camera libera per questa sera?
晚上好,今天晚上还有空房间吗?

A: Sì, signore. Desidera una singola o una doppia?
有的,先生。您想要一个单人房间还是一个双人房间?

B: Vorrei una singola.
我要一个单人的。

A：Con bagno o con doccia?

要有洗澡间的还是冲淋浴的?

B：Con bagno.

有洗澡间的。

A：Quante notti si ferma?

您住几个晚上?

B：Una notte soltanto.

只住一个晚上。

A：Le va bene se la sua camera guarda sulla strada?

您的房间临街,行吗?

B：No, è troppo rumorosa. Potrebbe cambiarla con un'altra?

不行,噪音太大了。您能换一间吗?

A：Mi dispiace, signore. Per questa sera no perché l'albergo② è al completo.

很遗憾,先生。今天晚上不行,因为旅馆都客满了。

B：Va bene, tanto è per una notte soltanto. La prima colazione è inclusa nel prezzo③?

算了,反正只住一个晚上。早餐包括在房价里了吗?

A：Sì. Per cortesia, mi può lasciare un suo documento?④

包括了。劳驾,能把您的证件留给我吗?

B：Certo. Ecco il mio passaporto.

当然可以。喏,这是我的护照。

A：Grazie. Domani mattina ha bisogno di essere svegliato?

谢谢。明天早上您需要叫醒吗？

B：Sì，alle sette e un quarto. Dov'è il ristorante?

要的，七点一刻叫醒我。餐厅在哪儿？

A：Là，a destra della cabina telefonica. Questa è la chiave della sua camera.

那儿，在电话间右边。这是您房间的钥匙。

B：A che piano sta la mia stanza?

我的房间在几楼？

A：Al secondo piano.⑤

在三楼。

B：Grazie.

谢谢。

A：Prego. Buonanotte，signore.

别客气。晚安，先生。

* * *

A：Buongiorno. Mi può preparare il conto?

您好！能给我结账吗？

B：Sì，subito.

行，马上就结。

A：Mi può chiamare un tassì?

您能给我叫一辆出租车吗？

B：Certo.

当然可以。

A：Posso pagare il conto con questo assegno?

我能用这张支票付账吗？

B：No，mi dispiace. Non accettiamo gli assegni.

很遗憾，不能。我们不接受支票。

A：Allora posso pagare con questa carta di credito?

那么，我能用这张信用卡支付吗？

B：Sì，grazie. Questo è il suo conto. Le auguro un buon viaggio.

行的，谢谢。这是您的账单，祝您一路顺风。

A：Grazie e arrivederci!

谢谢，再见！

IV. Vocabolario 词汇表

camera	s.f.	房间
singolo	agg.	单个的，独个的
prenotare	v.tr.	预定
conferma	s.f.	确认
bagno	s.m.	卫生间
incluso	agg.	包括的
colazione	s.f.	早餐
svegliare	v.tr.	叫醒，唤醒
guardare	v.intr.	朝向，面朝
chiave	s.f.	钥匙
conto	s.m.	账单
doppio	agg.	双的；两倍的
doccia	s.f.	淋浴

rumoroso	agg.	吵闹的，喧闹的
cambiare	v. tr.	换，交换
albergo	s. m.	旅馆
al completo		客满，满座
avere bisogno di		需要
ristorante	s. m.	餐厅，餐馆，饭店
piano	s. m.	楼层
assegno	s. m.	支票
accettare	v. tr.	接受

V. 不规则动词变位

简单条件式

potere:

io potrei, tu potresti, egli (lui, lei) potrebbe, noi potremmo, voi potreste, essi (loro) potrebbero

VI. Note 注释

① "desidero essere svegliato"是一个被动式现在时形式，直译为"我希望被叫醒"。

② 在意大利语中，"albergo" 和"hotel"都可以译为"旅馆，宾馆，饭店"。意大利的旅馆分五个星级，五星级的是最豪华的旅馆。三星级以上的旅馆可以称为"hotel"，而一、二星级的则称"pensione"。

③ 在意大利住三星级以上的旅馆，房价里一般包括

早餐。意大利人的早餐比较简单，所以旅馆提供的早餐也不很丰盛。

④ 在意大利住旅馆需要登记，外国人要出示护照。留给旅馆登记的证件一般过一会儿或在第二天早晨就可以取回。

⑤ 意大利的楼层同中文差一层。在意大利语中，“pianterreno”称为“底楼”或“一楼”。

Lezione 18 Preferisci la carne o il pesce?

第十八课 你喜欢吃肉还是吃鱼?

I. Frasi 句子

171. Avete un tavolo libero per tre persone?
你们有三个人的空位吗?

172. Cameriere! Ci porti il menù, per favore.
服务员,请拿菜单来!

173. Siete pronti per ordinare?
你们准备点菜了吗?

174. Anna, per antipasto, che cosa vuoi prendere?
安娜,冷盘,你想来点什么?

175. Voglio melone e prosciutto crudo.
我要蜜瓜加生火腿。

176. Per primo, vogliamo due spaghetti al ragù.
第一道菜,我们要两份西红柿肉末拌酱面。

177. Per secondo, preferisci[①] la carne o il pesce?
第二道菜,你喜欢吃肉还是吃鱼?

178. Io vorrei l'arrosto di vitello con patatine fritte.
我要烤小牛肉和炸土豆条。

179. Da bere, ci porti una bottiglia di vino rosso e una birra piccola.

饮料，给我们来一瓶红葡萄酒和一小杯啤酒。

180. Mi passi il sale, per favore?

请把盐递给我？

II. Esercizi sostitutivi　替换练习

1. Siete pronti per [ordinare]?

你们准备[点菜]了吗？

partire	出发
mangiare	吃饭
mettere in moto la macchina	发动机器

2. Da bere, ci porti [una bottiglia di vino rosso] e una birra piccola.

饮料，给我们来[一瓶红葡萄酒]和一小杯啤酒。

una bottiglia di vino bianco	一瓶白葡萄酒
una bottiglia di acqua minerale gassata	一瓶带气的矿泉水
una spremuta di arancia	一杯鲜榨橙汁
un succo di pompelmo	一杯柚子汁
una cocacola	一杯可乐

3. Per primo, vogliamo due [spaghetti al ragù].

第一道菜，我们要两份[西红柿肉末拌酱面]。

risotti alla milanese	米兰炒饭
tagliatelle al tartufo	宽面条加块菌
minestroni	蔬菜浓汁汤

4. Mi passi [il sale], per favore?
   请把[盐]递给我!

il pepe	胡椒粉
l'aceto	醋
l'olio di oliva	橄榄油
la salsa di soia	酱油
la forchetta	叉子
il coltello	刀

III. Dialogo　会话

A: Avete un tavolo libero per due persone?
你们有两个人的空位吗?

B: Sì, signore. Vi va bene quel tavolo vicino alla finestra?
有的,先生。那张靠窗的桌子行吗?

A: Sì, ci va bene. Ci porti il menù[②], per favore.
行,行的。请拿菜单来!

B: Ecco il menù. Siete pronti per ordinare?
菜单来了。你们准备点菜了吗?

A: Sì, un antipasto misto per me e per lei melone e prosciutto crudo.
是的,给我一份什锦冷盘,给她一份蜜瓜生火腿。

B：Per primo?

第一道菜呢?

A：Spaghetti al ragù per tutti e due. Per secondo, che cosa ci consiglia?

我们两人都要西红柿肉末拌酱面。第二道菜，您建议我们来点什么?

B：Abbiamo del③ pesce molto fresco.

我们有很新鲜的鱼。

A：No, preferiamo la carne.

不，我们想吃肉。

B：Come carne abbiamo：bistecca ai ferri, arrosto di vitello...

肉类的菜，我们有烤牛排，烤小牛肉……

A：Due arrosti di vitello con contorno di patatine fritte e insalata verde.

两份烤小牛肉，配菜是炸土豆条和绿叶生菜。

B：E poi? Formaggio, dolce, frutta o gelato?

然后呢? 奶酪，甜点，水果还是冰淇淋?

A：Frutta di stagione.

时令水果。

B：Prendete il caffè?

你们要咖啡吗?

A：Sì, per tutti e due.

要的，两个人都要。

B：E da bere? Che cosa volete?

饮料呢? 你们要什么?

A：Una bottiglia di vino rosso④ e una piccola bottiglia

di acqua minerale.

一瓶红葡萄酒和一小瓶矿泉水。

B: Bene, saranno serviti immediatamente.

行,马上就送来。

IV. Vocabolario 词汇表

tavolo	s. m.	桌子
cameriere	s. m.	服务员
menù	s. m.	菜单
ordinare	v. tr.	点菜;订货
antipasto	s. m.	冷盘
prendere	v. tr.	吃,喝(在饭店)
melone	s. m.	蜜瓜,甜瓜
prosciutto crudo		生火腿
spaghetti al ragù		西红柿肉末拌酱面
preferire	v. tr.	更喜欢,宁可
carne	s. f.	肉
pesce	s. m.	鱼
arrosto di vitello		烤小牛肉
patatine fritte		炸土豆条
bottiglia	s. f.	瓶子
vino rosso		红葡萄酒
birra	s. f.	啤酒
piccolo	agg.	小的
passare	v. tr.	递,传,给
sale	s. m.	盐

misto	agg.	混合的
consigliare	v. tr.	建议
fresco	agg.	新鲜的
bistecca ai ferri		烤牛排
insalata verde		生菜
formaggio	s. m.	奶酪
dolce	s. m.	甜点
gelato	s. m.	冰淇淋
frutta di stagione		时令水果
acqua minerale		矿泉水
servire	v. tr.	端上(饭菜等)
immediatamente	avv.	马上,立即

V. 注释

① 以-ire结尾的动词陈述式现在时有两种变位法,动词preferire属于第二变位法:io preferisco, tu preferisci, lui preferisce, noi preferiamo, voi preferite, essi preferiscono。

② Ci porti il menu, per favore! 本句中的"ci"是间接补语人称代词的第一人称复数的弱式形式,直译为"请把菜单拿给我们!"。

③ Abbiamo del pesce molto fresco. 本句中的"del"是部分冠词。

④ 意大利人很喜欢喝葡萄酒。席间喝何种酒,根据菜肴而定。一般吃肉类菜,喝红葡萄酒(vino rosso),吃海鲜、河鲜等鱼类菜,喝白葡萄酒(vino bianco)。饭前,意大利人喜欢喝开胃酒(aperitivo);饭后,喝少量的烈性酒(liquore o grappa)。餐桌上,意大利人没有劝酒的习惯。

Lezione 19 Andiamo a prendere un caffè!

第十九课 我们去喝杯咖啡吧!

I. Frasi 句子

181. Carlo, vuoi prendere un caffè con me?
卡罗,你想和我一起去喝杯咖啡吗?

182. Grazie, lo prendo volentieri.
谢谢,很乐意。

183. Andiamo a prendere un caffè in quel bar!
我们去那家酒吧喝杯咖啡吧!

184. Dove ci sediamo? Preferisci stare all'aperto?
我们坐哪里? 你喜欢坐在外面吗?

185. Sì, preferisco stare fuori, perché dentro fa caldo.
是的,我喜欢坐在外面,因为里面太热了。

186. Che cosa prende, signora?
夫人,您想喝点什么?

187. Vorrei un cappuccino e una brioche.
我要一杯牛奶咖啡和一个羊角面包。

188. Quanto zucchero nel caffè, signora?
夫人,咖啡里放多少糖?

189. Un cucchiaino, grazie.
一小匙,谢谢。

190. Niente zucchero, preferisco il caffè amaro.
不要放糖,我喜欢喝清咖啡。

II. Esercizi sostitutivi 替换练习

1. Carlo, vuoi prendere [un caffè] con me?
卡罗,你想和我一起喝[杯咖啡]吗?

una birra	一杯啤酒
un té	一杯茶
una bibita	一杯饮料
un bicchierino di cognac	一小杯白兰地酒

2. Vorrei un [cappuccino] e una brioche.
我要一杯[牛奶咖啡]和一个羊角面包。

caffè lungo	淡咖啡
caffè macchiato	加一点儿奶的咖啡
espresso	蒸馏咖啡
té al limone	柠檬茶

III. Dialogo 会话

A: Li lin, vuoi prendere① qualcosa con me?
李林,你想和我一起喝点什么吗?

B: Grazie, prendo volentieri un caffè con te.
谢谢,很乐意和你一起喝杯咖啡。

A：Vuoi anche una pasta?

你还要一块点心吗？

B：No，grazie. Stamattina ho fatto una colazione abbondante.

不，谢谢。今天早上我早饭吃得很多。

A：Invece io non faccio mai colazione e la mattina prendo solo un caffè.②

而我从来不吃早饭，早上就喝一杯咖啡。

B：Cameriere! Un caffè，un cappuccino e una brioche.

服务员，一杯咖啡，一杯牛奶咖啡和一个羊角面包。

C：Sì，vi servo subito. Quanto zucchero nel caffè，signore?

好的，马上端来。先生，咖啡里放多少糖？

B：Niente zucchero. Preferisco il caffè amaro.

不要放糖。我喜欢喝清咖啡。

* * *

A：Signora，posso offrirle③ qualcosa da bere?

夫人，我可以请您喝点什么吗？

B：Grazie，volentieri.

谢谢，很乐意。

A：Le va bene questo tavolino all'aperto?

这张在外面的桌子，您看行吗？

B：Sì，va benissimo. Mi piace prendere un po' di aria fresca.

行，很好。我喜欢吹点凉风。

A：Che cosa prende，signora?

夫人，您喝点什么？

B：Preferisco un caffè macchiato.

我要一杯咖啡加牛奶。

A：Cameriere! Un caffè macchiato e una birra fresca, per favore.

服务员，请来一杯加一点儿牛奶的咖啡和一杯冰镇啤酒。

C：Quanto zucchero vuole，signora?

夫人，要放多少糖？

B：Un cucchiaino，grazie.

一小匙，谢谢。

IV. Vocabolario 词汇表

volentieri	avv.	乐意地
bar	s. m.	酒吧
sedersi	v. rifl.	坐
all'aperto		露天
cappuccino	s. m.	牛奶咖啡
brioche	s. f.	羊角面包
zucchero	s. m.	糖
cucchiaino	s. m.	小匙子
amaro	agg.	苦的
niente	agg.	一点没有的
qualcosa	pron. indef.	某事，某物

pasta	s. f.	点心
abbondante	agg.	充分的，充裕的
stamattina	avv.	今天早晨，今天上午
mattina	s. f.	早晨，上午
invece	avv.	相反，然而
fare colazione		吃早饭
tavolino	s. m.	小桌子
caffè macchiato		加一点儿牛奶的咖啡
birra fresca		冰镇啤酒

V. 不规则动词变位

陈述式现在时

<u>sedersi:</u>

io mi siedo, tu ti siedi, egli (lui, lei) si siede, noi ci sediamo, voi vi sedete, essi (loro) si siedono.

VI. Note 注释

① 动词"prendere"的用法很多。因此，要根据上下文来翻译。如：

a. Anna, che cosa prendi? Vuoi prendere un pollo arrosto?
安娜，你吃什么？你想吃烤鸡吗？

b. Voglio prendere un gelato alla fragola.
我要吃一个草莓冰淇淋。

c. Signora, prende un caffè?
夫人,您喝咖啡吗?

d. Vai tu a prendere il giornale.
你去拿报纸。

e. Vengo a prenderti con la mia macchina.
我开我的车来接你。

② 许多意大利人早上一般不用早餐,仅仅喝一杯咖啡。

③ "offrirle"是由动词不定式"offrire"和间接补语代词第二人称单数尊称形式"le"组合而成。

Lezione 20 Vorrei aprire un conto corrente

第二十课 我想开一个账户

I. Frasi 句子

191. Qui vicino c'è una banca?
这儿附近有银行吗?

192. Sì, la Banca Commerciale Italiana si trova proprio dietro quel caffè.
有的,商业银行就在那家咖啡馆后面。

193. Qual è[1] il cambio di oggi fra il dollaro e l'Euro?
今天美元和欧元的比价是多少?

194. Per cortesia, mi cambi cinquecento dollari .
请您给我换五百美元。

195. Vorrei cambiare dei marchi in lire.
我想把一些马克换成里拉。

196. Oggi il cambio è di millesettecentocinquanta lire per un dollaro.
今天的比价是一千七百五十里拉换一美元。

197. Vorrei tre biglietti da centomila e il resto in biglietti di piccolo taglio.
我要三张十万的,剩余的我要小票面的。

198. Scusi, posso incassare questo assegno?

请问,我可以兑现这张支票吗?

199. Vorrei aprire un conto corrente presso la vostra banca.

我想在你们银行开一个账户。

200. Quanti soldi vuole depositare?

您想存多少钱?

II. Esercizi sostitutivi 替换练习

1. Sì, [la Banca Commerciale Italiana] si trova proprio dietro quel caffè.

有的,[商业银行]就位于那家咖啡馆后面。

la Banca Nazionale del Lavoro	国民劳动银行
la Banca d'Italia	意大利银行
la Banca di Roma	罗马银行
il Credito Italiano	意大利信贷银行
la Cassa di Risparmio di Firenze	佛罗伦萨储蓄银行
un cambiovalute	外汇兑换处

2. Per cortesia, mi cambi [cinquecento dollari].

请您给我换[五百美元]。

cento sterline	一百英镑
duecento franchi svizzeri	两百瑞士法郎
mille dollari di Hongkong	一千港币

3. Vorrei cambiare [dei marchi in Euro].
我想把[一些马克换成欧元]。

delle lire in dollari	一些里拉换成美元
dei franchi francesi in lire	一些法国法郎换成里拉
degli scellini in lire	一些奥地利先令换成里拉

4. Quanti soldi vuole [depositare]?
您想[存]多少钱?

cambiare	换
prelevare	提取
mandare	汇

III. Dialogo 会话

A: Buongiorno, signorina.
您好,小姐。

B: Buongiorno, signore.
您好,先生。

A: Vorrei cambiare dei② dollari in lire.
我要把一些美元换成里拉。

B: Quanti dollari vuole cambiare?
您要换多少美元?

A: Trecento. Qual è il cambio di oggi fra il dollaro e la lira?
三百。今天美元和里拉的比价是多少?

B：Oggi un dollaro vale millesettecentosessanta lire.
今天一美元值一千七百六十里拉。

A：La lira italiana è stata molto rivalutata.
意大利里拉升值不少。

B：Sì. Lei vuole biglietti di grosso o piccolo taglio?
是的。您要大票面的还是小票面的？

A：Ne vorrei due da centomila e il resto in biglietti di taglio piccolo.
我要两张十万的，剩余的要小票面的。

B：Prego, firmi qui.
请在这儿签字。

* * *

A：Scusi, qui da Lei si può incassare questo assegno?
请问，在您这儿可以兑现这张支票吗？

B：Sì. Ha con Lei un documento di riconoscimento?
可以，您带着表示身份的证件吗？

A：Ecco il mio passaporto.
喏，我的护照。

B：Grazie.
谢谢。

A：Prego. Vorrei aprire un conto corrente presso la vostra banca.③
不客气。我想在你们银行开一个账户。

B：Ha la residenza in Italia?
您有在意大利的居住证吗？

A：Sì，ce l'ho.

我有。

B：Prego，vada allo sportello N.6（numero sei）.

请去六号窗口。

A：Grazie.

谢谢。

IV. Vocabolario 词汇表

dietro	avv.	在后面
quale	agg. interr.	哪一个的
cambio	s.m.	兑换；汇率
dollaro	s.m.	美元
Euro	s.m.	欧元
cambiare	v.tr.	兑换，换
marco	s.m.	马克
taglio piccolo		小票面
incassare	v.tr.	兑现
assegno	s.m.	支票
conto corrente		往来账户；活期储蓄
soldo	s.m.	钱
depositare	v.tr.	存，储蓄
valere	v.intr.	价值，值
rivalutare	v.tr.	使……升值
documento di riconoscimento		表示身份的证件

residenza s.f. 居住;居住证

V. 不规则动词变位

陈述式现在时

valere:

io valgo, tu vali, egli (lui, lei) vale, noi valiamo, voi valete, essi (loro) valgono

VI. Note 注释

① "Qual è ..."是"quale è"的简略形式。

② 这里的"dei" 是一个部分冠词,意为"一些",用在以辅音字母为词首(s + 辅音, z, ps, gn 除外)的阳性复数名词前面。如:dei ragazzi 一些小伙子;dei tavoli 一些桌子。在 s + 辅音, z, ps, gn 和元音为词首的阳性复数名词前面用"degli"。如:degli studenti 一些学生, degli operai 一些工人, degli zii 几位叔叔。在阴性复数名词前面用"delle"。如:delle ragazze 一些姑娘, delle riviste 一些杂志。

③ 在意大利,意大利人和长住意大利的外国人都在银行开一个账户"conto corrente"。储户可以用这个户头办理转账,交房租、水、电、煤、电话等费用,也可以领取工资、退休金,存款和取款,还可以换外汇和向境外汇钱。

Lezione 21　Ha qualcosa da dichiarare?

第二十一课　您有什么要申报的吗?

I. Frasi　句子

201. Il passaporto, per favore.
请出示护照。

202. Ha qualcosa da dichiarare?
您有什么要申报的吗?

203. No, non ho niente da dichiarare.
没有,我没有什么要申报的。

204. Quali sono i suoi bagagli?
哪些是您的行李?

205. Questa valigia è mia e quell'altra nera è sua.
这个箱子是我的,那个黑色的是他的。

206. Per favore, riempia questo modulo con chiarezza.
请把这张表填写清楚。

207. Che cosa sono questi?
这些是什么东西?

208. Questi sono dei campioni senza valore.
这些是货物样品。

209. Per favore, apra questa valigia.
请把这箱子打开。

210. Scusi, su questi articoli devo pagare il dazio?
请问,这些东西我要付税吗?

II. Esercizi sostitutivi 替换练习

1. Il [passaporto], per favore.
请出示[护照]。

biglietto	票子
certificato di vaccinazione	免疫证书
documento	证件

2. Ha qualcosa da [dichiarare]?
您有什么要[申报]的吗?

aggiungere	补充
riferire	报告
dirci	告诉我们

3. Questi sono [dei campioni senza valore].
这些是[货物样品]。

degli articoli proibiti	违禁品
degli articoli esenti da dazio	免税商品
degli effetti personali	个人用品

4. Questa valigia è mia e quell'altra [nera] è sua.
这个箱子是我的，那个[黑色的]是他的。

rossa	红色的
marrone	咖啡色的
verde	绿色的
blu	兰色的
gialla	黄色的

III. Dialogo 会话

A：Scusi，signore，deve andare a quello① sportello.
对不起，先生，您得去那个窗口。

B：Perché?
为什么？

A：Quello sportello è per gli extracomunitari.②
那个窗口是办理非欧共体公民的。

B：Grazie.
谢谢。

* * *

A：Buongiorno，signore.
您好，先生。

B：Buongiorno. Il passaporto，per favore.
您好。请出示护照。

A：Eccolo.
喏，在这里。

B：Riempia questo modulo con chiarezza[③], per favore. Ha qualcosa da dichiarare?
请把这张表格填写清楚。您有什么要申报的吗？

A：Ho solo una bottiglia di grappa cinese e due stecche di sigarette.
我只有一瓶中国酒和两条香烟。

B：Allora non ha niente da dichiarare.
那么，您没有什么要申报的。

A：Quali articoli sono esenti dall'imposta doganale?
哪些商品是免关税的？

B：Vestiti, effetti personali e campioni senza valore. Quali sono i suoi bagagli?
衣服、个人用品和货物样品。哪些是您的行李？

A：Ho solo una valigia e quell'altra rossa non è mia.
我只有一个箱子，那个红色的不是我的。

B：Per favore, apra la valigia. Che cosa sono questi?[④]
请打开箱子。这些是什么东西？

A：Sono dei campioni senza valore. Per questi non devo pagare il dazio, vero?
是货物样品。这些东西我不要付税，对吗？

B：No. Che cosa sono quelli? Sono merci di contrabbando?
对的。那些是什么呢？是走私品吗？

A：No, ho la licenza d'importazione.
不，我有进口许可证。

B: Mi faccia vedere la licenza, per favore.

请让我看看许可证。

A: Eccola.

喏,在这儿。

B: Grazie. Tutto va bene, ora può chiudere la valigia e vada pure.

谢谢。一切都好,现在您可以关上箱子了, 您可以走了。

B: Grazie a Lei e arrivederci.

谢谢您,再见。

IV. Vocabolario 词汇表

dichiarare	v. tr.	申报
bagaglio	s. m.	行李
quello	agg. dimostr.	那个
	pron. dimostr.	
nero	agg.	黑色的
con chiarezza		清楚的
campione senza valore		货物样品
articolo	s. m.	物品,商品
dazio	s. m.	税
perché	avv.	为什么
extracomunitario	s. m.	非欧共体公民
grappa	s. f.	烈性酒
stecca	s. f.	一条(香烟)
sigaretta	s. f.	香烟

esente	agg.	被免除的
imposta doganale		关税
effetti personali		个人用品
rosso	agg.	红色的
merce	s.f.	货物
contrabbando	s.m.	走私
licenza d'importazione		进口许可证

V. Note 注释

① "quello"在这儿是指示形容词，它的用法和定冠词类似。在阳性单数以辅音为词首的(除 s+辅音, z, ps, gn 为词首的除外)名词前面，用"quel"。如：quel bambino 那个小孩，quel libro 那本书；复数则用"quei"：quei bambini 那些小孩，quei libri 那些书 。在以上面括号内几种情况为词首的阳性单数名词前，用"quello"。如：quello studente 那位学生，quello zio 那位叔叔；复数则用"quegli"：quegli studenti 那些学生，quegli zii 那些叔叔。在以元音为词首的阳性单数和阴性单数名词前，则用"quell'"。如：quell'operaio 那位工人，quell'ingegnere 那位工程师，quell'offerta 那份报价；在这种情况下，复数时，阳性名词用"quegli"，阴性名词用"quelle"：quegli operai 那些工人，quegli ingegneri 那些工程师，quelle offerte 那些报价。阴性名词单数以辅音为词首的，用"quella"，复数则用"quelle"。如：quella scuola 那

所学校,quella ragazza 那位姑娘;quelle scuole 那些学校,quelle ragazze 那些姑娘。

② 在意大利米兰等国际机场,办理出入境手续的窗口上方挂有一块牌子,上面写有“欧共体公民”和“非欧共体公民”。

③ “con chiarezza”是一个方式状语。在意大利语中,前置词“con”和某些名词连用可以组成方式状语。如:Gli studenti ascoltano con attenzione la spiegazione del professore. 学生们认真地听老师的讲解。Tutti lavorano con entusiasmo. 大家都热情地工作。

④ “Che cosa sono questi?”本句中的“questi”是指示代词“questo”的复数形式,如是单数,则提问“Che cosa è questo?”意为“这是什么东西?”。

Lezione 22 Desidero farmi tagliare i capelli

第二十二课 我想理发

I. Frasi 句子

211. Desidero farmi tagliare i capelli.
我想理发。

212. Solo tagliarli?
只理发吗?

213. No, mi faccia anche lo shampoo, per favore.
不,请您给我也洗一下头。

214. I capelli, come li vuole?
头发,您想怎么理?

215. Mi faccia un taglio corto con la stessa pettinatura che ho adesso.
照我现在的发型,理短一点。

216. Per favore, non me li accorci troppo ai lati.
请不要给我把两边的头发剪得太短。

217. Le regolo anche le basette.
我给您也修一下鬓角。

218. Vorrei fare una permanente.
我要烫发。

219. Vorrei tingermi i capelli.
我要染发。

220. Vuole asciugare i capelli con il phon?
您要用电吹风吹头发吗?

II. Esercizi sostitutivi 替换练习

1. Desidero farmi [tagliare i capelli].
我想[理发]。

tagliare la barba	刮胡子
crescere i baffi	留小胡子
fare una sfumatura alta	头发理得短一点

2. Vorrei [fare una permanente].
我要[烫发]。

fare la messa in piega	做头发
tingermi bionda	把头发染成金黄色的
lavarmi i capelli	洗发
asciugare i capelli con il casco	用大吹风吹头发

III. Dialogo 会话

A: Buongiorno, signore.
您好,先生。

B: Buongiorno. Desidero farmi tagliare i capelli.①
您好。我想理发。

A：Prego，si accomodi su questa poltrona.

请，请坐在这张椅子上。

B：Grazie.

谢谢。

A：Solo tagliarli?

只理发吗？

B：No，vorrei anche fare lo shampoo.

不，我还要洗发。

A：I capelli come li vuole? Un taglio corto o lungo?

头发，怎么理？理得短一点还是长一点？

B：Visto che sta arrivando[②] l'estate，mi faccia un taglio corto.

快夏天了，您给我理短一点吧。

A：Che pettinatura desidera?

您想理什么发型？

B：La stessa pettinatura che ho adesso.

照我现在的发型。

A：Le regolo anche le basette.

我给您也修一下鬓角。

B：Va bene，grazie.

好的，谢谢。

A：E la barba? Vuole fare anche la barba?

胡子呢？胡子也要刮一下吗？

B：No，la barba me la faccio io.

不，胡子我自己刮。

A：Cosa vuole sui capelli?

头发上要抹点什么吗？

B：Un po' di gel, grazie.

上一点发胶，谢谢。

* * *

A：Scusi, qui vicino c'è un parrucchiere?[③]

请问，这儿附近有女子理发店吗？

B：Sì, di fronte a quella profumeria.

有的，在那家化妆品商店对面。

C：Buongiorno, signora.

您好，夫人。

A：Buongiorno. Vorrei tingermi i capelli.

您好。我想染发。

C：Si accomodi su questa poltrona.

请坐在这张椅子上。

* * *

C：Questi capelli, prima bisogna[④] decolorarli.

这头发，先要进行脱色处理。

A：Va bene.

行。

C：Vuole tingersi bionda?

您要染成金黄色的吗？

A：No, no, di nero.

不，不，染成黑色的。

C：Ecco fatto. I capelli, vuole tagliarli un po'?

好了。头发，您要剪短一点吗？

A：Sì, me li spunti un po' ai lati, per favore.[⑤]

要的，请给我把两边的头发剪短一点。

C：Vuole asciugarli con il phon?

要用电吹风吹一下头发吗？

A：No, grazie. Scusi, quanto tempo ci vuole per fare una permanente?

不要吹，谢谢。请问，烫发需要多少时间？

C：Ci vorranno circa tre ore.

大约需要三个小时。

A：La prossima volta vengo a fare la permanente.

下一次我来烫发。

C：Desidera mettere la lacca sui capelli?

在头发上您要上定型剂吗？

A：No, grazie.

不，谢谢。

V. Vocabolario 词汇表

tagliare	v.tr.	剪，切，割
capello	s.m.	头发
fare lo shampoo		洗发
shampoo	s.m.	香波，洗发精；洗发
corto	agg.	短的
pettinatura	s.f.	发型
accorciare i capelli		把头发剪短
lato	s.m.	旁边，侧面
regolare	v.tr.	调整，整理
basetta	s.f.	鬓角

permanente	s.f.	烫发
tingersi i capelli		染发
asciugare	v.tr.	吹干,擦干
phon	s.m.	电吹风
poltrona	s.f.	椅子
lungo	agg.	长的
visto che		鉴于,由于
adesso	avv.	现在
barba	s.f.	胡子
gel	s.m.	发胶
profumeria	s.f.	化妆品商店
bisognare	v.intr.	需要
decolorare	v.tr.	使……脱色
spuntare	v.tr.	修剪
lacca	s.f.	定型剂

V. 不规则动词变位

陈述式简单将来时时

volere:

io vorrò, tu vorrai, egli (lui, lei) vorrà, noi vorremo, voi vorrete, essi (loro) vorranno

VI. Note 注释

① Desidero farmi tagliare i capelli. 动词"fare"后面直接跟动词不定式,意为"让,使得"。因为去理

发店理发，是让理发员为你理发，而不是你自己给自己理发，所以本句要采用这种结构。和动词“fare”连写的“mi”是间接补语代词单数第一人称形式。

② “sta arrivando”是现在正在进行式单数第三人称形式。

③ 在意大利，男子理发店和女子理发店是分开的。男子理发店称“barbiere”，女子理发店称“parrucchiere”。

④ 动词“bisognare”只用单数和复数第三人称。它作为无人称动词使用时，则只用单数第三人称。如：E’ tardi, bisogna andare via subito. 已经晚了，得马上就走了。Bisogna finire questo lavoro entro due ore. 在两小时内必须完成 这工作。

⑤ “Sì, me li spunti...” 本句中的“me li” 是组合代词，是由间接补语代词“mi”加上直接补语代词“li”组合而成。“li”代的是头发“capelli”。“spunti”是动词“spuntare”的命令式第二人称单数尊称形式。

Lezione 23 Vorrei un rullino a colori

第二十三课 我要一卷彩色胶卷

I. Frasi 句子

221. Vorrei un rullino a colori.
我要一卷彩色胶卷。
222. Ha una preferenza sulla marca?
您喜欢什么牌子的?
223. Desidero un rullino da trentasei pose.
我要一卷三十六张的胶卷。
224. Vorrei sviluppare e stampare questa pellicola.
我要冲洗一下这胶卷。
225. Per favore, mi stampi solo le foto che sono riuscite meglio.
请给我只印照得成功的照片。
226. Vorrei due copie per ognuno di questi negativi.
这些底片我每张要印两张照片。
227. Per favore, mi dia due cassette per questa telecamera.
请给我两盒这种摄像机用的摄像带。

228. Di questo negativo vorrei fare un ingrandimento venti per venticinque.

这张底片我要放一张 20×25 的照片。

229. Quando posso venire a ritirare le foto?

我什么时候可以来取照片?

230. Queste foto non sono venute[①] bene perché mancava la luce.

由于光线不好,这些照片照得不成功。

II. Esercizi sostitutivi 替换练习

1. Desidero un rullino da [trentasei] pose.

我要一卷[三十六]张的胶卷。

ventiquattro	二十四
dodici	十二

2. Quando posso venire a ritirare [le foto]?

我什么时候可以来取[照片]?

il biglietto	票子
i campioni	样品
i vestiti lavati	洗过的衣服

III. Dialogo 会话

A: Desidera, signore?

先生,您想要什么?

B: Si[②] possono sviluppare qui le pellicole?

这儿可以冲胶卷吗？

A：Sì. Le vuole solo sviluppare e non stampare?

可以的。单冲不印吗？

B：No, vorrei anche stamparle, ma mi stampi solo le foto che[3] sono riuscite meglio.

不，我也要印照片。但是，请您只印照得成功的照片。

A：Va bene. Desidera altro?

行。您要其它什么吗？

B：Sì, un rullino a colori per questa macchina fotografica.

要的，一卷这架相机用的彩色胶卷。

A：Da ventiquattro o da trentasei pose?

二十四张的还是三十六张一卷的？

B：Da trentasei pose.

三十六张的。

A：Ha una preferenza sulla marca?

您喜欢什么牌子的？

B：Mi dia un rullino Kodak, per favore.

请给我一卷柯达的。

A：Vuole che lo metta nella macchina?

您要我把胶卷装好吗？

B：Sì, grazie. Per favore, mi dia anche due cassette per questa videocamera.

好的，谢谢。请您再给我两盒这架摄像机用的摄像带。

A：Eccole a Lei.

喏，给您。

B：Quando posso venire a ritirare le foto?

我什么时候可以来取照片？

A：Domani pomeriggio. Tenga questo scontrino.

明天下午。请拿好这凭证。

B：Grazie e arrivederci.

谢谢，再见。

IV. Vocabolario 词汇表

rullino da trentasei pose		三十六张的胶卷
a colori		彩色的
marca	s. f.	商标，牌子
sviluppare	v. tr.	冲洗(胶卷)
stampare	v. tr.	晒印，印
pellicola	s. f.	胶卷
riuscire	v. intr.	成功
ogni	agg. indef.	每个的
negativo	s. m.	底片
meglio	avv.	较好地
telecamera	s. f.	摄像机
ingrandimento	s. m.	放大；放大的照片
luce	s. f.	光线
macchina fotografica		照相机
domani	avv.	明天

V. 不规则动词变位

陈述式现在时

riuscire:

io riesco, tu riesci, egli (lui, lei) riesce, noi riusciamo, voi riuscite, essi (loro) riescono

VI. Note 注释

① "sono venute" 是动词"venire"的陈述式近过去时第三人称阴性复数形式。陈述式近过去时由助动词"avere"或"essere" 的陈述式现在时加上动词的过去分词组成。及物动词的助动词是"avere",绝大多数的不及物动词用"essere"做助动词,但是,也有一小部分不及物动词是需要用"avere"做助动词的。如果用"avere"做助动词,动词分词的词尾没有性和数的变化。如果用"essere"做助动词,动词分词的词尾则有性和数的变化。本句中的"foto(照片)"是阴性复数,所以分词"venuto"相应变成为"venute"。

② "si"是无人称被动式形式中所使用的代词,在它后面跟的动词只有第三人称单数和复数两种形式。如:

a. Si può vedere quella cravatta?
可以看看那条领带吗?

b. Si possono mangiare questi pesci?
这些鱼能吃吗?

③ “che”是关系代词，它引出一个关系从句。如：Conosco un ragazzo italiano che si chiama Paolo. 我认识一位名叫保罗的意大利小伙子。本句中的“sono riuscite”是动词“riuscire”的陈述式近过去时第三人称阴性复数形式。

Lezione 24　C'è un volo per Parigi?

第二十四课　有去巴黎的航班吗?

I. Frasi　句子

231. A che ora parte il volo AZ305?
AZ305 航班几点起飞?

232. A causa del maltempo è stato annullato[①] questo volo.
由于天气不好,这个航班取消了。

233. C'è un volo diretto per Pechino?
有直飞北京的航班吗?

234. Vorrei prenotare due posti in classe economica sull'aereo che parte dopodomani per Vienna.
我想预定后天去维也纳的两个经济舱的机座。

235. Vorrei riconfermare la mia prenotazione del volo LH3869 per Francoforte.
我想确认一下飞往法兰克福的 LH3869 航班上的我的预定位。

236. Da quale binario parte il treno per Roma?
去罗马的火车在几号站台发车?

237. Dov'è la biglietteria?
售票处在哪儿?

238. Per favore, un biglietto di andata e ritorno per Milano.
买一张去米兰的往返票。

239. Per questo treno bisogna pagare il supplemento rapido?
乘这趟火车,得付加快费吗?

240. Come andiamo a Palermo? Con il treno o con la nave?
我们怎么去巴勒莫?乘火车去还是乘船去?

II. Esercizi sostitutivi 替换练习

1. C'è un volo diretto per [Pechino]?
有直飞[北京]的航班吗?

Hongkong	香港
New York	纽约
Londra	伦敦
Madrid	马德里

2. Vorrei prenotare due posti in classe economica sull'aereo che parte [dopodomani] per Vienna.
我想预定[后天]去维也纳的两个经济舱的机座。

domani	明天
lunedì prossimo	下个星期一
il 20 giugno	六月二十日

3. Da quale binario parte [il treno] per Roma?

去罗马的[火车]在几号站台发车?

il rapido	特别快车
l'espresso	快车
l'Intercity	城市间直达快车
l'Euro Star	欧洲之星特别快车

4. Dov'è [la biglietteria]?

[售票处]在哪儿?

l'ufficio informazioni	问讯处
il deposito bagagli	行李寄存处
l'entrata	入口处
l'uscita	出口处
la sala d'attesa	候车室
il banco dell'ALITALIA	意大利航空公司办事处(设在机场的)

5. Come andiamo a Palermo? Con il treno o [con la nave]?

我们怎么去巴勒莫? 乘火车去还是[乘船]去?

con l'aereo	乘飞机
con la macchina	乘汽车
con l'autobus	乘公共汽车
in bicicletta	骑车

III. Dialogo 会话

A：Ciao，Li Lin.

你好，李林。

B：Ciao，Paolo.

你好，保罗。

A：Dove vuoi passare le tue vacanze quest'anno?

今年你想去哪儿度假？

B：Voglio tornare a Shanghai a passare le mie vacanze.

我想回上海度假。

A：Davvero?

真的吗？

B：Sì，ieri ho già prenotato il posto sull'aereo che[②] parte il 30 agosto per Shanghai.

真的，昨天我已订了八月三十日去上海的机座。

A：C'è un volo diretto per Shanghai?

有直飞上海的航班吗？

B：No. Infatti devo cambiare aereo a Francoforte.

没有。我得在法兰克福转机。

A：Quanto tempo devi aspettare all'aeroporto di Francoforte per il prossimo volo?

接下一个航班，你在法兰克福机场要等多少时间？

B：Solo un'oretta，perciò ho paura di perdere il volo.

只有一个小时，所以我很怕会误机。

A：Allora, all'aeroporto di Linate[③] puoi chiedere di farti dare anche la carta d'imbarco per il prossimo volo.

那么,你可以在利那戴机场把下一个航班的登机牌也领好。

B：Ottima idea!

好主意!

A：Puoi spedire i tuoi bagagli direttamente a Shanghai.

你可以把你的行李直接托运到上海。

B：Davvero? Allora posso chiederlo a chi[④] mi fa il check-in?

真的？那么我可以请给我办理登机手续的人员办理吗？

A：Sì. Devi riconfermare la tua prenotazione per sicurezza.

是的。为保险起见,你得确认一下你预定的机座。

B：Grazie per i tuoi consigli!

谢谢你的建议。

A：Prego. A che ora parte il tuo volo?

别客气。你的航班几点起飞？

B：Alle tre e un quarto del pomeriggio.

下午三点一刻。

A：Ti accompagno io all'aeroporto con la mia macchina.

我开车送你去机场。

B：Grazie，sei molto gentile!
谢谢，你太热情了。

A：Vengo a prenderti all'una e mezzo，va bene?
我一点半来接你，行吗？

B：Va bene. Grazie e ciao!
行。谢谢，再见！

* * *

A：Per favore，un biglietto di andata e ritorno per Venezia.
买一张去威尼斯的来回票。

B：Di prima o di seconda classe?
一等车厢的还是二等车厢的？

A：Di seconda classe.
二等车厢的。

B：Fra dieci minuti c'è un espresso per Venezia.
十分钟以后有一班快车开往威尼斯。

A：Non c'è un rapido?
没有特快车吗？

B：Sì，ma parte fra due ore，fra l'altro per il rapido ci vuole la prenotazione.⑤
有的，但是要过两小时以后发车，再说乘特快车需要预定。

A：La prenotazione è obbligatoria? Bisogna pagare anche il supplemento rapido?
必须要预定吗？还得付加快费吗？

B：Sì，signore. In tutto settantaseimila lire.

是的，先生。一共七万六千里拉。

A：Scusi, da quale binario parte questo treno?

请问，这趟车在几号站台发车？

B：Dal binario sei.

六号站台。

A：Grazie.

谢谢。

IV. Vocabolario 词汇表

a causa di		由于
maltempo	s.m.	坏天气
annullare	v.tr.	取消
prenotazione	s.f.	预定
posto	s.m.	位子，座位
classe economica		经济舱
dopodomani	avv.	后天
riconfermare	v.tr.	再确认
binario	s.m.	铁轨
biglietto di andata e ritorno		往返票
supplemento rapido		加快费
vacanza	s.f.	假期
ieri	avv.	昨天
paura	s.f.	害怕
carta d'imbarco		登机牌
fare il check-in		办理登机手续
sicurezza	s.f.	安全，保险

consiglio	s.m.	建议
macchina	s.f.	小汽车;机器
biglietto di seconda classe		二等车厢的车票
espresso	s.m.	快车
rapido	s.m.	特快车
fra l'altro		除此,再说
obbligatorio	agg.	必须的

V. Note 注释

① "è stato annullato" 是动词"annullare"的被动式近过去时单数阳性第三人称形式。

② "che"是关系代词,引出一个关系从句。

③ "Linate"是米兰的国际机场,罗马的国际机场叫达芬奇机场或称菲乌米齐诺机场(aeroporto di Leonardo da Vinci, aeroporto di Fiumicino)。

④ 本句中的"chi"是关系代词。

⑤ 在意大利乘火车非常方便,除了在旅游旺季,一些特快车需要预定,一般在上火车之前买票即可。即使没买车票,你也可以在火车上补票,加付一点数额很小的补票费;如果持普通票上了特快车,可以在火车上加付加快费。火车票自购票日起,有效期为三天。在意大利,如果你想乘火车结伴旅行,可以买一张行程三千公里的火车票,票价约二十多万里拉,合人民币一千元左右。持该票,同时可以五个人一起乘火车。

Lezione 25 Qui vicino c'è un distributore di benzina?

第二十五课 这儿附近有加油站吗?

I. Frasi 句子

241. Devo fare rifornimento di benzina prima di partire.
出发前,我得加一下油。

242. Per favore, mi faccia il pieno.
请给我加满油。

243. La benzina normale è terminata.
普通汽油没有了。

244. Mi metta pure 20 litri di "Super".
那就给我加二十公升的"超级"汽油吧。

245. L'acqua e l'olio sono a posto?
水和油够不够?

246. In questa stagione l'acqua va aggiunta spesso.
在这个季节得经常加水。

247. L'olio è sotto il livello minimo ed è molto denso. Va cambiato.
油已在限位线以下了,而且很稠,该换了。

248. Potrebbe dirmi che strada devo fare per andare a Verona?

请您告诉我,去维罗纳该怎么走?

249. Qui vicino c'è un'autofficina?

这儿附近有汽车修理站吗?

250. Per favore mi ripari questa gomma forata.

请给我补一下这个漏气的轮胎。

II. Esercizi sostitutivi 替换练习

1. [La benzina normale] è terminata.

[普通汽油]没有了。

La benzina "Super"	"超级"汽油
La benzina senza piombo	无铅汽油
La miscela	混合油
L'acqua	水

2. Mi metta pure [20 litri di "Super"].

那就给我加[二十公升的"超级"汽油]吧。

15 litri di gasolio	十五公升的柴油
40 mila lire di benzina verde	四万里拉的绿色汽油
10 litri di miscela	十公升混合油

3. Per favore mi ripari [questa gomma forata].

请给我补(修理)一下[这个漏气的轮胎]。

questo motore	这个发动机
i freni	刹车
questa bicicletta	这辆自行车
questo motorino	这辆助动车

III. Dialogo 会话

A：Carlo andiamo a fare rifornimento di benzina prima di partire.

卡罗，出发前，我们去加一下汽油吧。

B：Va bene. E' meglio fare benzina adesso perché ci aspetta un lungo viaggio.

行。我们的旅程很长，最好现在就加好汽油。

A：Qui vicino c'è un distributore di benzina?

这儿附近有加油站吗？

B：Come no! Ce n'è uno proprio più avanti. ①

怎么会没有！前面就有一个。

A：Devo girare?

我得拐弯吗？

B：No, sempre dritto. Guarda②! Avanti a destra, c'è un distributore AGIP③.

不，一直朝前。你瞧，前面右边，有一个阿吉普加油站。

A：Ci fermiamo qui a fare benzina.

我们就停在这儿加油吧。

B：Va bene, la facciamo qui.

行，我们就在这儿加油。

* * *

A：Buongiorno，signore.
　您好，先生。

B：Buongiorno. Mi faccia il pieno，per favore.
　您好。请给我加满汽油。

A：La benzina normale è già terminata.
　普通汽油已经没有了。

B：Mi metta[④] pure 20 litri di "Super".
　那就给我加二十公升的"超级"汽油吧。

A：Ecco fatto. L'acqua e l'olio sono a posto?
　加好了。水和油够不够?

B：Me li controlli，per favore.
　请您给我检查一下。

A：L'olio è a posto，ma l'acqua è quasi finita. In questa stagione va aggiunta[⑤] spesso.
　油够了，水快没有了。在这个季节，得经常加水。

B：Grazie. Ecco 50 mila lire.
　谢谢。喏，五万里拉。

A：Grazie a Lei.
　谢谢您。

B：Scusi，qui si possono riparare le gomme?
　请问，这儿可以补轮胎吗?

A：Certo.
　可以。

B：Allora mi ripari la foratura della gomma anteriore destra.

那么，请您给我把前面的右轮胎的穿孔补一下。

A：Va bene.

行。

B：Potrebbe dirmi che strada devo fare per andare a Siena?

请您告诉我，去锡耶纳我该怎么走？

A：Vada sempre dritto e poi giri a sinistra. Dopo circa sei chilometri, trova l'ingresso dell'autostrada che la porta a Siena.⑥

您一直朝前，然后向左拐，再朝前开大约六公里就到了通往锡耶纳的高速公路入口处了。

B：Grazie.

谢谢。

A：Prego.

不用谢。

IV. Vocabolario 词汇表

distributore di benzina		加油站
fare benzina		加汽油
benzina	s.f.	汽油
fare il pieno		加满油
normale	agg.	标准的，普通的
terminare	v.intr.	结束，完毕
litro	s.m.	公升
olio	s.m.	油
essere a posto		安排就绪了

aggiungere	v.tr.	添加，补充
sotto	prep.	在……之下
livello	s.m.	水平面；水平
minimo	agg.	最小的，最低的
denso	agg.	稠密的，浓的
autofficina	s.f.	汽车修理厂(站)
riparare	v.tr.	修理
gomma	s.f.	轮胎；橡胶
forato	agg.	有孔的
avanti	avv.	前面
destra	s.f.	右边
fermarsi	v.rifl.	停留
controllare	v.tr.	检查
foratura	s.f.	轮胎漏气
anteriore	agg.	前面的
sinistra	s.f.	左边的
ingresso	s.m.	入口，进口
autostrada	s.f.	高速公路

V. Note 注释

① "Ce n'è uno più avanti." 本句中的"n'è"是"ne è"的简略形式。

② "Guarda, avanti..." 句子中的"guarda"是命令式第二人称单数形式。以-are 结尾的动词，其命令式规则变位如下：tu guarda, Lei guardi, noi guardiamo, voi guardate, Loro guardino。

③ AGIP 是 Azienda Generale Italiana Petroli，即意大利石油总公司的缩写名词。在意大利，AGIP 的加油站星罗棋布，它的标志是一只有六条腿的狗。在意大利，很多加油站是自动的（self-service），提供昼夜服务。

④ "Mi metta pure..." 句子中的"metta"是命令式第二人称单数尊称形式。以-ere 结尾的动词，其命令式规则变位如下：tu metti, Lei metta, noi mettiamo, voi mettete, Loro mettano。

⑤ "va aggiunta..."是动词"aggiungere"的被动式现在时单数第三人称形式。被动式一般由助动词"essere"加上动词的过去分词组成。如果用"andare"做助动词，则表示"必须，应该"。

⑥ 意大利的公路网纵横交叉，有收费的高速公路（autostrada）、不收费的省级公路（superstrada）和市级公路，交通十分方便。在汽车驾驶学校（autoscuola），你可以报名参加驾驶员培训班。一旦考试及格，你就可以去车辆管理处（Ufficio della Motorizzazione）申领驾驶执照（La patente di guida）。意大利的汽车普及率很高，几乎家家户户都有汽车，有的家庭甚至拥有两三辆汽车。知名度较高的家庭用小汽车有 FIAT, LANCIA, ALFA ROMEO 等。

Lezione 26 A te piace lo sport?

第二十六课 你喜欢体育吗?

I. Frasi 句子

251. A te piace lo sport?
你喜欢体育吗?

252. Sì, mi piace molto.
是的,我非常喜欢。

253. Che sport fai?
你从事什么体育活动?

254. Mi piace giocare a calcio.
我喜欢踢足球。

255. Partecipi alle gare?
你参加比赛吗?

256. Ho cominciato a giocare a ping-pong da piccolo.
我从小就开始打乒乓。

257. Il nuoto è il mio sport preferito.
游泳是我最喜欢的体育活动。

258. Da voi, la gente va a sciare d'inverno?
在你们那儿,冬天人们去滑雪吗?

259. Questa domenica ho guardato una bella partita di calcio.
这个星期天,我看了一场精彩的足球赛。

260. La Juventus ha vinto per tre a due.

尤文图斯队以三比二取胜。

II. Esercizi sostitutivi 替换练习

1. Mi piace giocare a [calcio].

我喜欢玩[足球]。

pallavolo	排球
pallacanestro	篮球
tennis	网球
carte	纸牌

2. Partecipi [alle gare]?

你参加[比赛]吗?

alla riunione	会议
alla fiera	展览
al concorso di pittura	绘画竞赛

3. Da voi la gente va a [sciare] d'inverno?

在你们那儿,冬天人们去[滑雪]吗?

nuotare	游泳
pattinare	溜冰
caccia	打猎
pesca	钓鱼

4. [Il nuoto] è il mio sport preferito.

[游泳]是我最喜欢的体育活动。

Il calcio	足球
Il parapendio	山顶滑翔跳伞
Andare in bicicletta	骑自行车

5. Questa domenica ho guardato [una bella partita di calcio].

这个星期天，我看了[一场精彩的足球赛]。

un bel film	一部精彩的电影
un bello spettacolo	一场精彩的演出

III. Dialogo 会话

A: Li Lin, dovresti fare più sport.
李林，你应该多参加体育活动。

B: Sì, è vero. Lo sport fa bene alla salute.[①]
是的，确实如此。体育运动有益于健康。

A: A te piace[②] lo sport?
你喜欢体育吗？

B: Sì, molto.
是的，很喜欢。

A: Che sport fai?
你从事什么体育活动？

B: Ho cominciato a giocare a ping-pong da piccolo.
我从小就开始打乒乓。

A: Partecipavi[③] alle gare?

你以前参加过比赛吗？

B：Sì. Una volta ho vinto il campionato della mia provincia.

参加过的。有一次，我还获得了省级锦标赛冠军。

A：Complimenti!

你真行！

B：Grazie. E a te, che sport piace di più?

谢谢。那么你呢，最喜欢什么体育活动？

A：Il mio sport preferito è il nuoto, ma mi piace anche seguire le partite di calcio.

我最喜欢的体育活动是游泳，但是，我也喜欢看足球比赛。

B：Di quale squadra sei tifoso?

你是哪个球队的球迷？

A：Io tifo per il Milan perché mio figlio gioca come portiere nel Milan[④].

我是米兰队的球迷，因为我的儿子是米兰队的守门员。

B：Complimenti! Giochi anche al totocalcio?

真棒！你也玩足球彩票吗？

A：Sì. Ieri ho guardato una bella partita fra il Milan e la Juventus.

玩的。昨天，我看了一场米兰队和尤文图斯队之间的精彩比赛。

B：Anch'io l'ho guardata perché c'era la trasmissione in diretta TV.

我也看了，因为有电视实况转播。

A：I nostri ragazzi sono molto bravi e hanno fatto tre goal.

我们的小伙子真棒，进了三个球。

B：Sì，sono bravissimi.

是的，棒极了。

A：Il Milan ha vinto per tre a uno.

米兰队以三比一取胜。

B：Sì，il Milan è primo in Serie A.

是的，米兰队在甲级联赛中排名第一。

IV. Vocabolario 词汇表

piacere	v. intr.	喜欢
sport	s. m.	体育运动
giocare	v. intr.	打球；玩
calcio	s. m.	足球
partecipare	v. intr.	参加
gara	s. f.	比赛，竞赛
nuoto	s. m.	游泳
da piccolo		从小
preferito	agg.	最喜欢的
gente	s. f.	人们
sciare	v. intr.	滑雪
guardare	v. tr.	观看；看
partita	s. f.	比赛
vincere	v. tr.	赢得；战胜
campionato	s. m.	锦标赛

seguire	v. tr.	注意了解;跟随
squadra	s. f.	队
tifoso	s. m.	球迷
tifare	v. intr.	为(球队, 运动员)捧场
portiere	s. m.	守门员;看门人
totocalcio	s. m.	足球彩票
trasmissione in diretta TV		电视实况转播
goal	s. m.	进球
serie A		甲级队

V. 不规则动词变位

陈述式现在时

piacere:

io piaccio, tu piaci, egli (lui, lei) piace, noi piacciamo, voi piacete, essi (loro) piacciono

简单条件式

dovere:

io dovrei, tu dovresti, egli (lui, lei) dovrebbe, noi dovremmo, voi dovreste, essi(loro)dovrebbero

IV. Note 注释

① "Lo sport fa bene alla salute." 本句中的句型"fare

bene a...”表示“对……有好处”。例如：Fumare non fa bene alla salute. 吸烟对健康有害。

② 动词“piacere”是一个不及物动词，它的用法比较特殊：汉语中“某人喜欢某样东西”，在意大利语中则理解为“对某人来说喜欢某样东西”。用动词“piacere”表达时，人作为间接宾语出现，而物则是主语。例如：Alla mia sorellina piacciono molto i cioccolatini. 我小妹妹很喜欢吃巧克力。

③ “Partecipavi alle gare?” 句子中的“partecipavi”是动词“partecipare”的陈述式过去未完成时第二人称单数形式。

④ Milan 是指 AC 米兰队。国际米兰队是“Inter”。

Lezione 27 Ho mal di testa

第二十七课 我头疼

I. Frasi 句子

261. Che disturbi ha?
您有什么不舒服?
262. Non mi sento bene da un paio di giorni.
我感到不舒服有两天了。
263. Dove le fa male?
您哪儿感到不舒服?
264. Mi fanno male gli occhi.
我的眼睛疼。
265. Ho un forte mal di testa.
我的头疼得厉害。
266. Ho la febbre.
我发烧。
267. Apra la bocca e mi faccia vedere la lingua.
请张开嘴,让我看看您的舌苔。
268. Le misuro la temperatura.
我给您量一下体温。
269. Le faccio un'iniezione.
我给您打一针。

270. Questa medicina, la deve prendere tre volte al giorno.
这药,您得每天服三次。

II. Esercizi sostitutivi　替换练习

1. Mi fanno male [gli occhi].
我的[眼睛]疼。

le gambe	腿
i denti	牙
i piedi	脚
le braccia	胳膊

2. Ho un forte mal di [testa].
我的[头]疼得厉害。

stomaco	胃
gola	嗓子
pancia	肚子

3. Ho [la febbre].
我[发烧]。

la diarrea	腹泻
la tosse	咳嗽
la testa pesante	头发胀
il naso chiuso	鼻塞
voglia di vomitare	想呕吐
la nausea	恶心

4. Questa medicina, la deve prendere [tre volte] al giorno.

这药，您得每天服[三次]。

una volta	一次
due volte	两次
quattro volte	四次

III. Dialogo 会话

A: Buongiorno, dottore.

您好，大夫！

B: Buongiorno! Che disturbi ha?

您好！您有什么不舒服？

A: Da un paio di giorni non mi sento bene.

我感到不舒服有两天了。

B: Che cosa ha?

您怎么了？

A: Dottore, mi gira la testa, ho un forte mal di gola① e mi fanno male anche le gambe.

大夫，我头晕，嗓子疼得厉害，我的腿也感到疼。

B: Ha la tosse?

您咳嗽吗？

A: Sì, ho una tosse persistente.

咳嗽的，我咳个不停。

B: Per favore, apra la bocca e mi faccia vedere la lingua.

请您张开嘴，让我看看您的舌苔。

A：Ieri mi veniva da vomitare e stanotte ho avuto anche la febbre.

昨天我想呕吐，夜里还发过烧。

B：Ora le misuro la temperatura.

现在我给您量一下体温。

A：Dottore，ho ancora la febbre？

大夫，我还发烧吗？

B：Sì，ha ancora qualche② linea di febbre. Ora si spogli e respiri profondamente.

是的，您还有几分热度。现在您脱掉衣服，然后做深呼吸。

A：Va bene.

行。

B：Le fa male qui？

这儿疼吗？

A：Sì，un po'. Dottore，non ho niente di grave，vero？

疼的，有一点儿疼。大夫，我的病不严重，对吗？

B：No，non ha niente di grave e ha solo preso il raffreddore. Lei fuma e beve？

对，不严重，您只是得了感冒。您又抽烟又喝酒吗？

A：Sì，due pacchetti al giorno e bevo anche due o tre bicchierini di grappa.

是的，每天我抽两包烟，喝两、三小杯的烈性酒。

B：Molto male! Ecco perché ha una tosse persistente.

太糟了！这就是您咳嗽咳个不停的原因。

A：Infatti stanotte l'ho passata in bianco[③] per la forte tosse.

的确，昨天夜里咳嗽很厉害，我整个晚上都没睡着。

B：Dunque senta, per una settimana niente fumo e niente alcol.

那么，您听着，您要禁烟禁酒一个星期。

A：Va bene, dottore.

行；大夫。

B：Lei deve prendere questa medicina tre volte al giorno. Questo è lo sciroppo per la tosse e questa iniezione la deve fare una volta al giorno.

这药您每天得服三次。这是咳嗽糖浆，这针药每天打一针。

A：Grazie, dottore.

谢谢您，大夫。

IV. Vocabolario 词汇表

male	s.m.	疼痛
testa	s.f.	头
disturbo	s.m.	不舒服
sentirsi	v.rifl.	感到
paio	s.m.	一双，一对，两个

occhio	s.m.	眼睛
forte	agg.	厉害的
febbre	s.f.	发烧
misurare	v.tr.	量,测量
iniezione	s.f.	针药;注射
gola	s.f.	咽喉,嗓子
gamba	s.f.	腿
tosse	s.f.	咳嗽
persistente	agg.	持续的
vomitare	v.intr.	呕吐
qualche	agg.indef.	一些,几个
spogliarsi	v.rifl.	脱衣
respirare	v.intr.	呼吸
profondamente	avv.	深深地
grave	agg.	严重的
raffreddore	s.m.	感冒
fumare	v.tr.	吸烟
bere	v.tr.	喝;喝酒
pacchetto	s.m.	小包
bicchierino	s.m.	小杯子,小酒杯
dunque	cong.	那么
alcol	s.m.	酒精;含酒精的饮料
sciroppo	s.m.	糖浆

V. 不规则动词变位

陈述式现在时

bere:

io bevo, tu bevi, egli (lui, lei) beve, noi beviamo, voi bevete, essi (loro) bevono

VI. Note 注释

① "Avere mal di . . ." 意为"……疼(痛)"。例如:
Oggi Paolo non viene a lezione, perché ha mal di stomaco. 今天保罗不来上课,因为他胃疼。生活在意大利的外国人,如果是合法聘用的,或属两国政府间的交流项目派往意大利工作并领取意大利工资的,可以与意大利公民一样享受公费医疗。享受意大利政府提供奖学金的外国留学生、进修生和访问学者,意大利外交部已为这些人员买了医疗保险。支付医疗费用以后,可以持有关证件和费用发票去意大利保险公司(INA)办理报销手续。

② "qualche"是不定形容词,它没有性和数的变化。

③ "passare una notte in bianco", 意为"度过了一个不眠之夜"。句子中的"l'"是直接补语代词"la"的简略形式。

Lezione 28 Mi dia le medicine indicate in questa ricetta

第二十八课 请您按这张药方给我配药

I. Frasi 句子

271. Per favore, mi dia le medicine indicate in questa ricetta.
请您按这张药方给我配药。

272. Scusi, avete una medicina per la tosse?
请问,您们这儿有治咳嗽的药吗?

273. Questa medicina gliela possiamo dare solo con la ricetta medica.
只有持大夫开的药方,我们才能把这药给您。

274. Ho bisogno di un tubetto di dentifricio medico, ce l'avete?
我要一管药物牙膏,您们有吗?

275. Scusi, quante compresse devo prendere al giorno?
请问,每天我得服几片药?

276. Tre volte al giorno, due compresse per volta.
每天三次,每次两片。

277. Questa medicina la devo prendere dopo i pasti?
这药我得饭后服吗?

278. No, prima dei pasti.
不,饭前服。

279. Lei può prendere una supposta ogni otto ore.
您可以每八小时用一粒药栓。

280. C'è una farmacia qui vicino?
这儿附近有药房吗?

II. Esercizi Sostitutivi　替换练习

1. Ho bisogno di [un tubetto di dentifricio medico], ce l'avete?
我要[一管药物牙膏],您们有吗?

una medicina per la tosse	一种治咳嗽的药
qualche pastiglia per il raffreddore	一些治感冒的药
un analgesico	止痛药

2. [Tre] volte al giorno, [due compresse] per volta.
一天[三]次,每次[两片]。

Due	两	tre comprese	三片
Quattro	四	una compressa	一片

3. C'è [una farmacia] qui vicino?
这儿附近有[药房]吗?

un ospedale	医院
un pronto soccorso	急救站
un ambulatorio	诊疗所

III. Dialogo 会话

A: Buongiorno, signore. Desidera?
您好,先生! 想买什么?

B: Buongiorno, dottore[①]. Per favore, mi dia le medicine indicate in questa ricetta.
您好,先生! 请您按这张药方给我配药。

A: Attenda un attimo e gliele[②] preparo subito.
您稍等,我马上给您配。

B: Va bene.
行。

A: Ecco fatto. Queste sono le compresse per la febbre, lo sciroppo è per la tosse, questi sono antibiotici e queste sono le iniezioni.
配好了。这是退烧药,糖浆是治咳嗽的,这些是抗生素,这是注射剂。

B: Scusi, quante compresse devo prendere?
请问,我得服几片药?

A: Tre volte al giorno[③], due compresse per volta.
每天服三次,每次服两片。

B：Devo prenderle prima dei pasti?

我得在饭前服吗?

A：No, dopo i pasti. Invece, lo sciroppo per la tosse, un cucchiaino ogni sei ore.

不,饭后服。然而,咳嗽糖浆每六小时服一小匙。

B：Grazie, dottore. Avete una pomata per queste macchie?

谢谢,先生。您们有治这些斑点的祛斑霜吗?

A：Sì, ce l'abbiamo, ma questa pomata gliela possiamo vendere solo dietro presentazione di ricetta medica.

有的,我们有的。但是,只有持医生的处方,我们才能把这祛斑霜卖给您。

B：Ho bisogno anche di un tubetto di dentifricio medico, ce l'avete?

我还要一管药物牙膏,您们有吗?

A：Certo, glielo prendo subito.

当然有,我马上就拿给您。

B：Ecco a Lei.

喏,给您。

A：Scusi, qui vicino c'è un ospedale?

请问,这儿附近有医院吗?

B：Sì, più avanti a destra. Desidera altro?

有的,在前面靠右边。您还要其它什么吗?

A：No, grazie. Arrivederci, dottore.

不要了,谢谢。再见,先生。

IV. Vocabolario 词汇表

medicina	s.f.	药
indicato	agg.	指示
ricetta	s.f.	处方,药方
dare	v.tr.	给
medico	agg. s.m.	医生的,治疗的;医生
tubetto	s.m.	小管,小筒
dentifricio	s.m.	牙膏
compressa	s.f.	药片
volta	s.f.	次
pasto	s.m.	膳食;一餐
dopo	prep.	在……以后
supposta	s.f.	塞药,栓剂
farmacia	s.f.	药房
attendere	v.tr.	等待
attimo	s.m.	片刻,瞬间
preparare	v.tr.	准备
subito	avv.	马上
antibiotico	s.m.	抗生素
cucchiaino	s.m.	小匙
pomata	s.f.	药膏
macchia	s.f.	斑点;污迹
dietro	prep.	在……后面
ospedale	s.m.	医院

V. 不规则动词变位

陈述式现在时

dare:

io dò, tu dài, egli (lui, lei) dà, noi diamo, voi date, essi (loro) danno

VI. Note 注释

① 在意大利,凡是大学毕业的人,都可以称为"dottore"。

② " gliele"是第二人称单数尊称间接补语代词"le"和直接补语阴性复数代词"le"所组成的组合代词形式。例如:

Quando mi può dare quelle riviste, signore?

先生,您什么时候可以把那些杂志给我?

Gliele posso dare questo pomeriggio.

今天下午我可以给您。

③ "tre volte al giorno"意为"一天三次"。在意大利语中还有一些其它类似的表达法。例如:Torno a casa una volta alla settimana. 我每星期回一次家;Scrivo a casa due volte al mese. 每个月我给家里写两封信。Carlo viene in Cina una volta all'anno. 卡罗每年来一次中国。

Lezione 29 Vorrei una camicetta di seta

第二十九课 我要买一件真丝女衬衣

I. Frasi 句子

281. Vorrei una camicetta di seta.
我要买一件真丝女衬衣。

282. Scusi, mi può fare vedere quel cappotto rosso scuro che è in vetrina?
请问,您可以让我看看橱窗里的那件暗红色的大衣吗?

283. Che taglia porta?
您穿多大号的?

284. Di che cosa è questa giacca?
这件外套是什么面料的?

285. E' di cashmere.
是羊绒的。

286. Posso provarla?
我可以试试吗?

287. Sì, signore. Si accomodi nel camerino.
可以的,先生。请去试衣室试。

288. Questa giacca mi sta un po' stretta di spalle.
这件外套我穿着肩膀有点窄。

289. Desidero un paio di scarpe nere con tacco basso.
我想买一双黑颜色的平跟鞋。

290. Sto cercando un paio di pantaloni per l'estate.
我要买一条夏天穿的裤子。

II. Esercizi sostitutivi 替换练习

1. Scusi, mi può fare vedere quel cappotto [rosso scuro] che è in vetrina?
请问,您可以让我看看橱窗里的那件[暗红色的]大衣吗?

rosso	红色的
azzurro	天蓝色的
bianco	白色的
marrone	咖啡色的
rosa	玫瑰色的
blu	深兰色的
verde	绿色的
giallo chiaro	浅黄色的

2. Desidero un paio di scarpe nere [con tacco basso].
我想买一双黑颜色的[平跟]鞋。

con tacco alto	高跟
da uomo	男式
da donna	女式
da bambino	儿童穿的

3. Vorrei [una camicetta di seta].
我要[一件真丝女衬衣]。

una camicia da uomo	一件男衬衣
una cravatta tinta unita	一条单色的领带
una gonna fantasia	一条颜色艳丽带图案的裙子
una camicia da notte	一件睡衣
un vestito scuro da sera	一件深色的晚装
un giaccone di cashmere	一件羊绒短大衣
un paio di guanti di pelle	一副皮手套
una maglia di pura lana vergine	一件纯羊毛的毛衣

4. E' di [cashmere].
是[羊绒]的。

seta pura	真丝
cotone puro	纯棉
lana mista	混纺
pura lana vergine	纯羊毛的
lino	麻

III. Dialogo 会话

A: Cosa desidera?
您想买什么?

B: Mi può fare vedere quel cappotto marrone che è in vetrina?①

您可以让我看看在橱窗里的那件咖啡色的大衣吗？

A：Sì, signora. Che taglia[②] porta?
可以，夫人。您穿多大号的？

B：Porto la taglia 46.
我穿四十六号的。

A：Quello è taglia 44.
那件大衣是四十四号的。

B：Allora non mi va bene.[③]
那我不能穿。

A：Abbiamo cappotti di taglia 46, ma di altri colori.
我们有四十六号的大衣，但是，是其它颜色的。

B：Di che colore sono?[④]
是什么颜色的？

A：Sono gialli, rossi, blu, grigi, verde scuro ...
有黄的，红的，深兰色的，灰色的，墨绿色的……

B：Mi faccia vedere quello verde scuro, per favore.
请您让我看看那件墨绿色的。

A：Un attimo che glielo porto subito.
请稍等，我马上拿给您。

B：Posso provarlo?
我可以试穿吗？

A：Certo! Se si accomoda nel camerino, può guardarsi allo specchio.
当然可以！如果您去试衣室，可以照镜子。

B：Va bene.

行。

A：Guardi! Le sta[5] proprio bene e sembra fatto su misura per lei.

瞧！您穿着真合身，就好像是为您定做的。

B：Davvero? Quanto costa?[6]

是吗？多少钱？

A：Duecentocinquantaseimila lire.

二十五万六千里拉。

B：E' troppo caro! Ci sarebbe qualcosa di più economico?

太贵了！有便宜一点儿的吗？

A：Sì, però cambia la qualità. Guardi questo, duecentoventimila lire.

有，但是质量不一样。您看这件，二十二万二千里拉。

B：Ha ragione. Questo ha la stoffa più leggera.

您说得有道理，这件的面料比较薄。

A：Questo modello è di moda quest'anno.

今年流行这式样。

B：Ah sì? E' di pura lana vergine[7], vero?

是吗？是纯毛的，对吗？

A：Sì. Questo capo è molto elegante.

对。这件大衣很漂亮。

B：Allora, lo prendo. Me lo confezioni, per favore.

那么，我买下了。请您给我包装一下。

A：Certamente. Mentre glielo preparo, si può accomodare alla cassa.
好的。我为您包装，您可以去账台付账。

B：Grazie. Sto cercando[8] anche un paio di pantaloni che vadano bene con questa giacca.
谢谢。我还想买一条和这件外套相配的裤子。

A：Per i pantaloni, deve andare al piano di sopra.
买裤子，您得到楼上去。

B：Grazie.
谢谢。

* * *

A：Desidera?
您想买什么东西吗？

B：Sì, desidero un paio di scarpe nere.
是的，我想买一双黑颜色的鞋。

A：Con tacco alto?
要高跟的吗？

B：No, le preferisco con tacco basso.
不，我喜欢穿平跟的。

A：Che misura porta?
您穿多大号码的？

B：37 (trentasette).
三十七号。

A：Queste scarpe sono appena arrivate. Vuole provare questo modello?
这些鞋是刚到的。您想试试这种式样的吗？

B：Sì.
好的。

A：Come le stanno?
您穿着怎么样？

B：Sono un po' strette. Avete le scarpe di una mezza misura più grande?
有点小。你们有再大半号的鞋吗？

A：Certo che le abbiamo. Provi questo paio.
当然有。您试试这双。

B：Queste scarpe mi vanno proprio bene.
这双鞋我穿着真合适。

A：Sì, sono anche eleganti.
是的，也很漂亮。

B：Quanto viene?
多少钱？

A：Centoventimila lire.
十二万里拉。

B：Sono care. Si può fare uno sconto?⑨
很贵。能打点折扣吗？

A：Mi dispiace, ma il prezzo è fisso.
很遗憾，这价格是定价。

B：Non fate saldi di fine stagione?
你们没有季节性减价吗？

A：Sì, ma per i nuovi arrivi non facciamo sconti.
有的，但是对新商品我们不打折扣。

B：Va bene, prendo questo paio.
行，我就买这双。

IV. Vocabolario　词汇表

camicetta	s.f.	女衬衣
seta	s.f.	丝绸
cappotto	s.m.	大衣
vetrina	s.f.	橱窗
taglia	s.f.	(衣服的)尺寸,号码
portare	v.tr.	穿,戴
pantaloni	s.m.pl.	裤子
giacca	s.f.	上衣,外套
cashmere	s.m.	羊绒,开司米
stretto	agg.	窄的
spalla	s.f.	肩
scarpa	s.f.	鞋
tacco	s.m.	鞋跟
basso	agg.	低的,矮的
marrone	agg.invar.	棕色的
giallo	agg.	黄颜色的
blu	agg.invar.	深兰色的
grigio	agg.	灰色的
verde scuro		墨绿色的
specchio	s.m.	镜子
fatto	agg.	制成的,做成的
sembrare	v.intr.	好像,似乎
costare	v.intr.	价格为……

caro	agg.	昂贵的
economico	agg.	经济实惠的
qualità	s. f.	质量
ragione	s. f.	道理
stoffa	s. f.	布料
leggero	agg.	轻的
modello	s. m.	款式
moda	s. f.	流行式样
puro	agg.	纯的
lana	s. f.	羊毛,毛料
vergine	agg.	纯的
capo	s. m.	(衣服的)件数
confezionare	v. tr.	包装
cassa	s. f.	付款处,收款处
alto	agg.	高的
misura	s. f.	尺寸
sconto	s. m.	折扣
saldo	s. m.	减价
arrivo	s. m. pl.	新到的商品

V. 不规则动词变位

虚拟式现在时

<u>andare:</u>

che io vada, che tu vada, che egli (lui, lei) vada, che noi andiamo, che voi andiate, che essi (loro) vadano

VI. Note 注释

① .... che è in vetrina. 本句中的"che"是一个关系代词,它可以引出一个关系从句。例如:Vado a prendere le chiavi che ho lasciato in ufficio. 我去拿忘在办公室里的钥匙。

② "taglia" 专指服装的尺寸,而"misura"所指的尺寸,可以是服装的,鞋的,袜子的,帽子的,手套等的尺寸。

③ 动词"andare"在本课中意为"合适,相配"。例如:

Questa giacca a lei va benissimo. 这件衣服您穿真合适。

Questa gonna va bene con la tua giacca. 这条裙子和你的衣服很相配。

Le scarpe dell'anno scorso non gli vanno più. 去年的鞋他穿不下了。

④ Di che colore è ? Di che colore sono ? 意为"什么东西是什么颜色的?"。如果主语是单数,用前面一句;如果主语是复数,则用后面一句。例如:

Di che colore è la tua camicia? E' bianca. 你的衬衣是什么颜色的? 是白色的。

Di che colore sono le tue scarpe? Sono nere. 你的鞋子是什么颜色的? 是黑色的。

⑤ 动词"stare"在本课中意为"合适,合身",它可以指尺寸大小,也可以指款式,样式等。例如:

Questo vestito ti sta proprio bene. 这件衣服你穿真合适。

Queste scarpe non mi stanno bene. 这双鞋我穿不合脚。

⑥ 在意大利语中,问价钱一般有以下几种形式:a. Quanto costa? b. Quanto viene? c. Quant'è?

⑦ "pura lana vergine"是具有国际认证的纯羊毛标志的纯羊毛。在意大利语中,句型"Di che cosa è?"和"Di che cosa sono?"是指"什么东西是什么材料做成的"。例如:

Di che cosa è la tua camicia? 你的衬衣是什么料子的? E' di seta. 是丝绸的。

Di che cosa sono quei vasi? 那些花瓶是什么材料的? Sono di porcellana. 是瓷的。

⑧ "sto cercando"是现在正在进行式形式。在意大利语中,现在正在进行式是由动词"stare"的陈述式现在时加上动词的副动词形式组成。副动词形式的动词变化如下:以-are结尾的动词的词尾变为-ando; 以-ere, -ire结尾的动词词尾变为-endo. 例如: andare-andando, leggere-leggendo, partire-partendo。

⑨ 意大利大商场为了促销,一般逢周末或节日前后对商品的价格打折扣。在节日之后和换季的时候,大小商店对商品都会进行季节性降价。意大利的商业很发达,大小商店分布很广,购物非常方便。专营食品的超市意大利语叫"supermercato",特大的超市叫"ipermercato",那儿的商品吃

穿用应有尽有。除此，还有 Standa，Upim，Rinascente，Coop，Coin 等开架式的大商场。这些商场的连锁店遍布全国。在意大利，一般每个城市每星期有一天为集市日。这种集市有的只在上午有，到中午一点左右收摊。集市上卖的商品吃穿用都有，有新的，也有旧的，价格比较便宜。顾客对商品可以讨价还价，甚至可以大杀价。罗马的集市（mercato）是在星期天，位于 Porta Portese 那儿，所以，也称为“Il Mercato di Porta Portese”。佛罗伦萨的集市是在星期二，位于 Arno 河边的大道上。

Lezione 30 Non potrebbe concedermi uno sconto?

第三十课 不能给我打点折扣吗?

I. Frasi 句子

291. Per favore, potrebbe darmi un vostro catalogo?
可以给我一份你们的样本吗?

292. Questo tessuto costa dieci dollari americani al metro.
这种布料每米十美元。

293. Questo è il prezzo CIF o FOB?
这是到岸价还是离岸价?

294. I suoi prezzi sono molto alti, non potrebbe concedermi uno sconto?
您的价格很高,不能给我打点折扣吗?

295. Questo è l'ultimo prezzo, su questo non si può più discutere.
这是最好的价格,有关这,没有再商讨的余地了。

296. In questo prezzo è già incluso il 5%（cinque per cento）di commissione per la nostra ditta?
这个价格已包括了给我公司的百分之五的佣金吗?

297. Quali sono le vostre condizioni di pagamento?
你们的付款条件是什么?

298. Possiamo pagare con la lettera di credito.
我们可以用信用证支付。

299. Se il prezzo va bene, vorrei farvi un ordine di trentamila camicette di seta.
如果价格合适,我想向贵方订购三万件丝绸女衬衣。

300. Potete lasciarmi questo campione?
你们可以把这个样品留给我吗?

II. Esercizi sostitutivi 替换练习

1. Se il prezzo va bene, vorrei farvi un ordine di [trentamila camicette di seta].
如果价格合适,我想向贵方订购[三万件丝绸女衬衣]。

ventimila metri di questo tessuto	两万米的这种布料
cento tonnellate di questo prodotto	一百吨的这种产品
cinquecento dozzine di fazzoletti di seta	五百打丝绸头巾
un container di lavelli	一只集装箱的水斗

2. Per favore, potrebbe darmi [un vostro catalogo]?
可以给我[一份你们的样本]吗?

un vostro campione	一个你们的样品
questa bozza di contratto	这份合同草本
una copia di questo accordo	一份这协议的副本

3. In questo prezzo è già incluso [il 5% di commissione per la nostra ditta]?
这个价格已包括了[给我公司的百分之五的佣金]吗?

il 17% di IVA	百分之十七的增值税
il prezzo dei pezzi di ricambio	备件的价格
il dazio doganale	关税

4. Possiamo pagare [con la lettera di credito].
我们可以[用信用证]支付。

in contanti	用现款
a rate	分期
con assegno	用支票

5. Potete lasciarmi [questo campione]?
你们可以把[这个样品]留给我吗?

questo catalogo	这份样本
queste riviste	这些杂志
la chiave	钥匙

III. Dialogo 会话

A：Mi scusi, signor Rossi, sono un po' in ritardo.
对不起，罗西先生，我来迟了。

B：Non fa niente. Si accomodi, prego.
没关系，您请坐。

A：Grazie. Signor Rossi, vorrebbe mostrarmi i vostri campioni?
谢谢。罗西先生，能让我看看你们的样品吗？

B：Certo. Ecco a Lei. Guardi, questi sono i nostri ultimi prodotti.
当然可以。这就给您。您瞧，这些是我们的最新产品。

A：Quanto costa al metro questo tessuto?[1]
这种面料多少钱一米？

B：Desidera pagare in dollari o in Euro?
您想用美元支付还是用欧元支付？

A：In dollari.
用美元。

B：Otto dollari al metro, FOB[2] Genova.
热内亚离岸价，每米八美元。

A：E questo?
那这种呢？

B：Dieci dollari.
十美元。

A：I suoi prezzi sono molto alti. Se vi facciamo un grosso ordine, potrebbe concederci[3] uno sconto?

您的价钱很贵。如果我们向贵方定货的量大，可以给我们打点折扣吗？

B：Visto che abbiamo sempre avuto un buon rapporto di affari, le concedo uno sconto del 10%（dieci per cento）.

鉴于我们之间一直有着良好的生意关系，我可以给您百分之十的折扣。

A：Sono ancora abbastanza alti.

价格还是很高。

B：Mi dispiace, questo è l'ultimo prezzo. Su questo non si④ può più discutere.

很遗憾，这是最好的价格了。有关这，没有再商讨的余地了。

A：Va bene, ne parleremo⑤ dopo. Può lasciarmi questi campioni?

行，我们以后再谈这。您可以把这些样品留给我吗？

B：Certo!

当然可以！

A：Grazie. A dirle la verità, se il suo prezzo va bene, vorremmo farvi un grosso ordine. E questo è solo il primo ordine e in futuro ...

谢谢。对您实说吧，如果您的价格合适，我们想向贵方订一大批的货。而且，这仅仅是第一批，将来……。

B：Sul prezzo, posso darle la risposta definitiva nel pomeriggio? Perché ne devo parlare con il nostro direttore.

有关价格一事，我可以下午给您确切的答复吗？因为我得和我的经理谈一下这事。

A：Sì. Se riusciamo a metterci d'accordo sul prezzo, possiamo firmare il contratto anche oggi.

可以。如果我们能在价格方面达成协议，今天就可以签合同。

B：Lo spero anch'io⑥. Quali sono le vostre condizioni di pagamento?

我也希望这样。你们的付款条件是什么？

A：Possiamo pagare con la lettera di credito. E i vostri termini di consegna?

我们可以用信用证支付。那你们的交货期呢？

B：60 (sessanta) giorni dalla conferma d'ordine. Allora la chiamo oggi pomeriggio.

成交确认之后六十天。那么，今天下午我给您打电话。

A：Va bene. Aspetto la sua buona notizia.

行。我等您的好消息。

IV. Vocabolario　词汇表

concedere	v. tr.	给予
vostro	agg. poss.	你们的
catalogo	s. m.	样本；目录册
tessuto	s. m.	织物，面料
metro	s. m.	米

prezzo	s.m.	价格
ultimo	agg.	最后的;最新的,最近的
discutere	v.intr.	讨论
incluso	agg.	包括在内的
commissione	s.f.	佣金
condizione	s.f.	条件
pagamento	s.m.	支付,付款
lettera di credito		信用证
lasciare	v.tr.	留下
in ritardo		迟到
mostrare	v.tr.	出示,给……看
marco	s.m.	马克
FOB		离岸价
CIF		到岸价
grosso	agg.	巨大的
ordine	s.m.	定货
visto che		鉴于
a dire la verità		说实话,说实在的
riuscire	v.intr.	能
mettersi d'accordo		达成协议
contratto	s.m.	合同
termine	s.m.	期限
consegna	s.f.	交货
conferma d'ordine		成交确认,定货确认

V. Note 注释

① Quanto costa al metro ... ? 每米可以用"al metro"。其它类似的表达方法还有:al chilo 每公斤,alla tonnellata 每吨,alla dozzina 每打,al quintale 每一百公斤。

② FOB 和 CIF 分别是英语 free on board (意大利语为:franco a bordo)和 cost, insurance, freight (意大利语为:costo, assicurazione, nolo) 的缩略词。在国际贸易中,意思分别为:离岸价和到岸价。

③ 本句中的"concederci"是动词"concedere"和间接补语代词第一人称复数"ci"的连写形式。

④ 本句中的"si"是无人称形式中使用的代词。例如:

Si può partire? 可以动身了吗?

Con questo rumore non si riesce a dormire. 这么吵,没法睡觉。

⑤ "parleremo"是简单将来时第一人称复数形式。句子中的代词"ne"指的是上文提到的事。谈论某件事,用句型"parlare di qualcosa"。"ne"可以代替"di"后面引出的事。

⑥ Lo spero anch'io. 句子中的"lo"是一个代词,在这儿代替前面提到的今天就可以签合同一事。

附录一　语法略语表

agg.	aggettivo	形容词
agg. dimos.	aggettivo dimostrativo	指示形容词
agg. indef.	aggettivo indefinito	不定形容词
agg. interr.	aggettivo interrogativo	疑问形容词
agg. num. card.	aggettivo numerale cardinale	基数形容词
agg. num. ord.	aggettivo numerale ordinale	序数形容词
agg. poss.	aggettivo possessivo	物主形容词
avv.	avverbio	副词
cong.	congiunzione	连接词
inter.	interiezione	感叹词
invar.	invariabile	词形或词尾不变的
pl.	plurale	复数
p. p.	participio passato	过去分词
prep.	preposizione	前置词
pron.	pronome	代词
pron. indef.	pronome indefinito	不定代词
pron. interr.	pronome interrogativo	疑问代词
pron. poss.	pronome possessivo	物主代词
s. f.	sostantivo femminile	阴性名词
s. m.	sostantivo maschile	阳性名词
v. intr.	verbo intransitivo	不及物动词
v. rifl.	verbo riflessivo	自反动词
v. servile	verbo servile	服务性动词
v. t.	verbo transitivo	及物动词

附录二 人称代词表

<table>
<tr><td colspan="2" rowspan="3"></td><td rowspan="3">人称</td><td rowspan="3">主格</td><td colspan="3">宾格</td></tr>
<tr><td rowspan="2">重读</td><td colspan="2">非重读</td></tr>
<tr><td>直接补语</td><td>间接补语</td></tr>
<tr><td rowspan="7"></td><td rowspan="4">单数</td><td>1</td><td>io 我</td><td>me</td><td>mi</td><td>mi</td></tr>
<tr><td>2</td><td>tu 你</td><td>te</td><td>ti</td><td>ti</td></tr>
<tr><td rowspan="2">3</td><td>egli, lui, esso 他，它</td><td>lui, esso</td><td>lo 阳性</td><td>gli 阳性</td></tr>
<tr><td>lei, essa, ella 她</td><td>lei, essa</td><td>la 阴性</td><td>le 阴性</td></tr>
<tr><td rowspan="3">复数</td><td>1</td><td>noi 我们</td><td>noi</td><td>ci</td><td>ci</td></tr>
<tr><td>2</td><td>voi 你们</td><td>voi</td><td>vi</td><td>vi</td></tr>
<tr><td>3</td><td>essi 他们
loro 他们，她们
esse 她们</td><td>loro</td><td>li 阳性
le 阴性</td><td>gli, loro</td></tr>
<tr><td rowspan="2">尊称</td><td colspan="2">单数</td><td>Lei, Ella 您</td><td>lei</td><td>la</td><td>le</td></tr>
<tr><td colspan="2">复数</td><td>Loro 您们</td><td>loro</td><td>li 阳性
le 阴性</td><td>gli, loro</td></tr>
</table>

附录三 指示形容词表

<table>
<tr><td rowspan="2"></td><td colspan="3">单数</td><td colspan="3">复数</td></tr>
<tr><td></td><td colspan="2">范例</td><td></td><td colspan="2">范例</td></tr>
<tr><td rowspan="4">阳性</td><td>questo</td><td>questo libro</td><td>这本书</td><td>questi</td><td>questi libri</td><td>这些书</td></tr>
<tr><td>quello</td><td>quello scherzo</td><td>那个玩笑</td><td>quegli</td><td>quegli scherzi</td><td>那些玩笑</td></tr>
<tr><td>quel</td><td>quel libro</td><td>那本书</td><td>quei</td><td>quei libri</td><td>那些书</td></tr>
<tr><td>quell'</td><td>quell'operaio</td><td>那位工人</td><td>quegli</td><td>quegli operai</td><td>那些工人</td></tr>
<tr><td rowspan="3">阴性</td><td>questa</td><td>questa scuola</td><td>这所学校</td><td>queste</td><td>queste scuole</td><td>这些学校</td></tr>
<tr><td>quella</td><td>quella ragazza</td><td>那位姑娘</td><td>quelle</td><td>quelle ragazze</td><td>那些姑娘</td></tr>
<tr><td>quell'</td><td>quell' operaia</td><td>那位女工</td><td>quelle</td><td>quelle operaie</td><td>那些女工</td></tr>
</table>

附录四 物主形容词表

人称	单数		复数	
	阳性	阴性	阳性	阴性
第一人称	mio 我的 nostro 我们的	mia nostra	miei nostri	mie nostre
第二人称	tue 你的 vostro 你们的	tua vostra	tuoi vostri	tue vostre
第三人称	suo 他(她,您)的 loro 他们(她们,您们)的	sua loro	suoi loro	sue loro

附录五 定冠词表

性	定冠词	所饰词起首字母条件	单数范例		复数范例
阳性	il	一般辅音	il ragazzo 小伙子	i	i ragazzi
阳性	l'	元音	l'amico 朋友	gli	gli amici
阳性	lo	辅音 z, s+辅音 ps, gn	lo zio 叔叔 lo studente 学生	gli	gli zii gli studenti
阴性	la	辅音	la ragazza 姑娘	le	le ragazze
阴性	l'	元音	l'amica 女朋友	le	le amiche

附录六 前置词冠词化表

<table>
<tr><td>数</td><td colspan="5">单 数</td><td colspan="3">复 数</td></tr>
<tr><td>性</td><td colspan="4">阳性</td><td>阴性</td><td colspan="2">阳性</td><td>阴性</td></tr>
<tr><td colspan="2">定冠词</td><td>il</td><td>lo</td><td>l'</td><td>la l'</td><td>i</td><td>gli</td><td>le</td></tr>
<tr><td rowspan="5">前置词</td><td>di</td><td>del</td><td>dell'</td><td>dello</td><td>della dell'</td><td>dei</td><td>degli</td><td>delle</td></tr>
<tr><td>a</td><td>al</td><td>all'</td><td>allo</td><td>alla all'</td><td>ai</td><td>agli</td><td>alle</td></tr>
<tr><td>da</td><td>dal</td><td>dall'</td><td>dallo</td><td>dalla dall'</td><td>dai</td><td>dagli</td><td>dalle</td></tr>
<tr><td>su</td><td>sul</td><td>sull'</td><td>sullo</td><td>sulla sull'</td><td>sui</td><td>sugli</td><td>sulle</td></tr>
<tr><td>in</td><td>nel</td><td>nell'</td><td>nello</td><td>nella nell'</td><td>nei</td><td>negli</td><td>nelle</td></tr>
</table>

附录七　称谓表

nonno	祖父 外祖父	nonna	祖母 外祖母
padre	父亲	madre	母亲
figlio	儿子	figlia	女儿
zio	伯父 叔父 姑父 舅父 姨夫	zia	伯母 婶母 姑母 舅母 姨母
cognato	大伯子 小叔子 大舅子 小舅子 姐夫 妹夫	cognata	大姑子 小姑子 大姨子 小姨子 嫂子 弟媳
cugino	堂兄弟 表兄弟	cugina	堂姐妹 表姐妹
nipote	侄子 外甥 孙子 外孙	nipote	侄女 外甥女 孙女 外孙女
suocero	岳父 公公	suocera	岳母 婆婆
consuocero	男亲家	consúocera	女亲家

附录八　数词表

基数词		序数词
1	uno	primo
2	due	secondo
3	tre	terzo
4	quattro	quarto
5	cinque	quinto
6	sei	sesto
7	sette	settimo
8	otto	ottavo
9	nove	nono
10	dieci	decimo
11	undici	undicesimo
12	dodici	dodicesimo
13	tredici	tredicesimo
14	quattordici	quattordicesimo
15	quindici	quindicesimo
16	sedici	sedicesimo
17	diciassette	diciassettesimo
18	diciotto	diciottesimo
19	diciannove	diciannovesimo
20	venti	ventesimo
21	ventuno	ventunesimo
22	ventidue	ventiduesimo
23	ventitre	ventitreesimo

续数词表

基数词		序数词
24	ventiquattro	ventiquattresimo
25	venticinque	venticinquesimo
26	ventisei	ventiseiesimo
27	ventisette	ventisettesimo
28	ventotto	ventottesimo
29	ventinove	ventinovesimo
30	trenta	trentesimo
40	quaranta	quarantesimo
50	cinquanta	cinquantesimo
60	sessanta	sessantesimo
70	settanta	settantesimo
80	ottanta	ottantesimo
90	novanta	novantesimo
100	cento	centesimo
101	centouno	centunesimo
200	duecento	duecentesimo
300	trecento	trecentesimo
400	quattrocento	quattrocentesimo
500	cinquecento	cinquecentesimo
600	seicento	seicentesimo
700	settecento	settecentesimo
800	ottocento	ottocentesimo
900	novecento	novecentesimo
1,000	mille	millesimo

附录九　意大利主要城市名、城市名缩写、邮政编码和直拨电话区号

Agrigento	阿格里琴托	AG	92100	0922
Alessandria	亚历山大里亚	AL	15100	0131
Ancona	安科纳	AN	60100	071
Aosta	奥斯塔	AO	11100	0165
Arezzo	阿雷佐	AR	52100	0575
Ascoli Piceno	阿斯科利—皮切诺	AP	63100	0736
Asti	阿斯蒂	AT	14100	0141
Avellino	阿韦利诺	AV	83100	0825
Bari	巴里	BA	70100	080
Belluno	贝鲁诺	BL	32100	0437
Benevento	贝内文托	BN	82100	0824
Bergamo	贝尔加莫	BG	24100	035
Bologna	波洛尼亚	BO	40100	051
Bolzano	波尔察诺	BZ	39100	0471
Brescia	布雷西亚	BS	25100	030
Brindisi	布林的西	BR	72100	0831
Cagliari	卡利亚里	CA	09100	070
Caltanisetta	卡尔塔尼亚塞塔	CL	93100	0934
Campobasso	坎波巴索	CB	86100	0874
Caserta	卡塞塔	CE	81100	0823
Catania	卡塔尼亚	CT	95100	095
Catanzaro	卡坦察罗	CZ	88100	0961
Chieti	基埃蒂	CH	66100	0871
Como	科摩	CO	22100	031
Cosenza	科森察	CS	87100	0984
Cremona	克莱莫纳	CR	26100	0372
Cuneo	库内奥	CN	12100	0171
Enna	恩纳	EN	94100	0935
Ferrara	费拉拉	FE	44100	0532
Firenze	佛罗伦萨	FI	50100	055
Foggia	福贾	FG	71100	0881
Forlì	佛利	FO	47100	0543

Frosinone	弗罗西诺内	FR	03100	0775
Genova	热那亚	GE	16100	010
Gorizia	戈里齐亚	GO	34170	0481
Grossetto	格罗塞托	GR	58100	0564
Imperia	因佩里亚	IM	18100	0183
Isernia	伊塞尼亚	IS	86170	0865
L'Aquila	拉奎拉	AQ	67100	0862
La Spezia	拉斯佩齐亚	SP	19100	0187
Latina	拉蒂纳	LT	04100	0773
Lecce	莱切	LE	73100	0832
Livorno	里窝那	LI	57100	0586
Lucca	卢卡	LU	55100	0583
Macerata	马切腊塔	MC	62100	0733
Mantova	曼图瓦	MN	46100	0376
Massa Carrara	玛萨卡腊腊	MS	54100	0585
Matera	马特拉	MT	75100	0835
Messina	墨西拿	ME	98100	090
Milano	米兰	MI	20100	02
Modena	莫德纳	MO	41100	059
Napoli	那不勒斯	NA	80100	081
Novara	诺瓦拉	NO	28100	0321
Nuoro	努奥罗	NU	08100	0784
Oristano	奥利斯塔诺	OR	09025	0783
Padova	帕多瓦	PD	35100	049
Palermo	巴勒莫	PA	90100	091
Parma	帕尔马	PR	43100	0521
Pavia	帕维亚	PV	27100	0382
Perugia	佩鲁贾	PG	06100	075
Pesaro	佩扎罗	PS	61100	0721
Pescara	佩斯卡拉	PE	65100	085
Piacenza	皮亚琴察	PC	29100	0523
Pisa	比萨	PI	56100	050
Pistoia	皮斯托亚	PT	51100	0573
Pordenone	波尔德诺内	PN	33170	0434
Potenza	波坦察	PZ	85100	0971

Ragusa	拉古萨	RG	97100	0932
Ravenna	拉文纳	RA	48100	0544
Reggio Calabria	勒佐—卡拉布里亚	RC	89100	0965
Reggio Emilia	勒佐—艾米利亚	RE	42100	0522
Rieti	里埃蒂	RI	02100	0746
Roma	罗马	Roma	00100	06
Rovigo	罗维戈	RO	45100	0425
Salerno	萨勒诺	SA	84100	089
Sassari	萨萨里	SS	07100	079
Savona	萨沃纳	SV	17100	019
Siena	锡耶纳	SI	53100	0577
Siracusa	锡拉库扎	SR	96100	0931
Sondrio	桑德里奥	SO	23100	0342
Taranto	塔兰多	TA	74100	099
Teramo	特拉莫	TE	64100	0861
Terni	特尔尼	TR	05100	0744
Torino	多灵	TO	10100	011
Trapani	特腊帕尼	TP	91100	0923
Trento	特兰托	TN	38100	0461
Treviso	特雷维佐	TV	31100	0422
Trieste	的里雅斯特	TS	34100	040
Udine	乌迪内	UD	33100	0432
Varese	瓦雷泽	VA	21100	0332
Venezia	威尼斯	VE	30100	041
Vercelli	维切利	VC	13100	0161
Verona	维罗纳	VR	37100	045
Vicenza	维琴察	VI	36100	0444
Viterbo	维泰尔博	VT	01100	0761

附录十　意大利大区名和首府名

	大区		首府	
1.	Abruzzo	阿布鲁佐	L'Aquila	拉奎拉
2.	Basilicata	巴西利卡塔	Potenza	波坦察
3.	Calabria	卡拉布里亚	Catanzaro	卡坦察罗
4.	Campania	坎帕尼亚	Napoli	那不勒斯
5.	Emilia-Romagna	艾米利亚—罗马涅	Bologna	波洛尼亚
6.	Friuli-Venezia Giulia	弗留利—威尼斯·朱利亚	Trieste	的里亚斯特
7.	Lazio	拉齐奥	Roma	罗马
8.	Liguria	利古里亚	Genova	热那亚
9.	Lombardia	伦巴第	Milano	米兰
10.	Marche	马尔凯	Ancona	安科纳
11.	Molise	莫利泽	Campobasso	坎波巴索
12.	Piemonte	皮埃蒙特	Torino	多灵
13.	Puglia	普利亚	Bari	巴里
14.	Sardegna	撒丁岛	Cagliari	卡利亚里
15.	Sicilia	西西里岛	Palermo	巴勒莫
16.	Toscana	托斯卡那	Firenze	佛罗伦萨
17.	Trentino-Alto Adige	特兰提诺—阿尔托·阿迪杰	Trento	特兰托
18.	Umbria	翁布里亚	Perugia	佩鲁贾
19.	Valle d'Aosta	瓦莱—达奥斯塔	Aosta	奥斯塔
20.	Veneto	威尼托	Venezia	威尼斯

附录十一 意大利急用电话号码

火警	115
救护	118
报警	112
紧急求助	113
车辆抢险	116
电话号码查询	12

附录十二 中国驻意大利和意大利驻中国大使馆、领事馆地址和电话号码

1. L'Ambasciata della Repubblica Popolare Cinese nella Repubblica Italiana

中华人民共和国驻意大利共和国大使馆

Via Bruxelles, 56	布鲁塞尔街五十六号
00198 Roma	00198 罗马
Tel.(06) 8848186	电话:(06)8848186
Fax:(06) 85352891	传真:(06)85352891

2. Il Consolato Generale della Repubblica Popolare Cinese a Milano

中华人民共和国驻米兰总领事馆

Via Enrico Tazzoli, 7	恩里科·塔佐利街七号
20154 Milano	20154 米兰
Tel. (02)6552396	电话:(02)6552396
Fax: (02)653715	传真:(02)653715

3. L'Ambasciata della Repubblica Italiana nella Repubblica Popolare Cinese

意大利共和国驻中华人民共和国大使馆

北京三里屯东二街　　　电话:(010)65322131

邮编: 100600　　　传真:(010)65324676

4. Il Consolato Generale d'Italia a Shanghai

意大利驻上海总领事馆

上海市淮海中路1375号 电话:(021)64716989,

启华大厦11A/B　　　64716980

邮编:200031　　　传真:(021)64716977

附录十三 外国人居留意大利申请表

MINISTERO DELL'INTERNO

内政部

AMMINISTRAZIONE DELLA PUBBLICA SICUREZZA

公安厅

Questura di FIRENZE

佛罗伦萨警察局

DICHIARAZIONE DI SOGGIORNO PER STRANIERI

外国人居留申请表

COGNOME 姓		FOTO 照片
NOME 名	SESSO 性别	
LUOGO NASCITA 出生地点	DATA 日期	
CITTADINANZA 国籍	STATO CIVILE 婚姻状况	RIFUG. 是否难民
RESIDENZA ESTERO 国外住址		
RECAPITO ITALIA-COMUNE 意大利地址-城市		PROV. 省
INDIRIZZO 地址		
DOCUMENTO 证件	NUMERO 号码	SCADENZA 有效期

RILASCIATO DA		DATA
由……签发		日期
INGRESSO ITALIA-DATA		FRONTIERA
意大利入境－日期		入境地点
VISTO	RILASCIATO DA	SCADENZA
签证	由……签发	有效期

MOTIVO DEL VISTO INGRESSO

入境签证事由

MOTIVO DEL SOGGIORNO

居留原因

MEZZI SOSTENTAMENTO

生活来源

CONIUGE

配偶

PERSONE A CARICO CONVIVENTI

赡养其他亲属

REFERENZE IN ITALIA

在意大利的履历证明人

PRIMA DICHIARAZIONE	SCADENZA
首次申请	有效期
RINNOVO/AGGIORN. TO	SCADENZA
续延/延长	有效期

DATA

日期

FIRMA DEL DICHIARANTE	L'AUTORITA' DI P. S.
申请人签字	警察局盖章

附录十四　意大利部分机构和大学名称

ICE	意大利对外贸易协会
UCIM	意大利机床制造商协会
C.C.I.A.A.	工业、农业、手工业商会（工商局）
Confindustria	意大利工业总联合会
FIAT	菲亚特汽车公司
ENI	埃尼公司（国家碳化氢公司）
AGIP	阿吉普公司（意大利石油总公司）
INA	国家保险协会
ALITALIA	意大利航空公司（航班号：AZ）
RAI	意大利广播、电视台
ANSA	安莎通讯社
BANCA D'ITALIA	意大利银行
BANCA NAZIONALE DEL LAVORO	国民劳动银行
BANCA COMMERCIALE ITALIANA	意大利商业银行
CREDITO ITALIANO	意大利信贷银行
CASSA DI RISPARMIO	储蓄银行
UNIVERSITA' DEGLI STUDI DI ROMA	罗马大学
UNIVERSITA' DEGLI STUDI DI MILANO	米兰大学
UNIVERSITA' ITALIANA PER STRANIERI DI PERUGIA	意大利佩鲁贾外国人大学

CENTRO DI CULTURA PER STRANIERI	佛罗伦萨大学外国人文化中心
UNIVERSITA' DEGLI STUDI DI FIRENZE	
UNIVERSITA' DEGLI STUDI DI SIENA	锡耶纳大学(开设意大利语短训班)

附录十五　意大利的主要节日

意大利是欧洲各国中节日最多的一个国家，每年的节假日之多在欧洲首屈一指。这些节日大部分是宗教节日和民间的传统节日，一部分则来源于重大的政治生活事件。一些传统的节日源远流长，其庆典活动具有浓郁的传统文化色彩，充分表现出各地不同的民俗风情。

十二月二十五日是圣诞节(Natale)，这是意大利最重要的节日。节日前夕，家家户户都要买棵圣诞树放在走廊里或客厅里。意大利人视圣诞节是亲人团圆的节日。为此，远居他乡或在国外的亲属纷纷在节日前夕赶回家与亲人团聚。节日的前一天晚上，人们举办丰盛的家宴。家人之间互赠礼品，相互致以美好的祝愿。亲朋好友之间则互寄贺卡，表示节日的良好祝愿。节日期间，虔诚的教徒一定会去教堂做一年一度的最为隆重的弥撒。圣诞节举国放假，机关和工矿企业一般放假一星期，学校则放假两三星期，一般于一月六日主显节以后开学。

一月六日为主显节(Epifania)，俗称儿童节。传说在节日的前一天晚上，一位相貌丑陋，但心地善良的老巫婆(Befana)骑着扫帚从烟囱下来给各家的好孩子送礼物，而不听话的坏孩子则只能得到碳块。节日前夕，家长们从商店买来装有各种礼物的长筒靴，悄悄地把它放在壁炉上或孩子们的房间里。第二天早上，孩子们醒来以后，马上从床上爬起来，去寻找巫婆送来的礼物。一旦寻到礼物，孩子们欢天喜地,为自己是一位好孩子而感到自豪。

狂欢节(Carnevale)在每年的封斋节前,即复活节前四十天的数日前(一般在二月份)。届时,举国上下举行盛大的狂欢活动,其中以威尼斯(Venezia)和维阿雷焦(Viareggio)的狂欢活动最为热闹、最为著名。狂欢节期间,人们戴着各种各样的面具,身穿奇装异服,走街穿巷,到广场尽情狂欢。他们有的化装成中世纪的骑士、马戏团的小丑,有的打扮成魔鬼、丑八怪,有的女孩身穿贵夫人的盛装或新娘礼服,其装扮千奇百怪,无奇不有。节日的最后一天,狂欢活动达到了高潮。一大早,人们从四面八方云集到举行欢庆的中心广场。他们在那儿尽情狂欢,其场面热闹非凡。各种造型的大彩车的游行更是把节日的欢庆推向了高潮。夜幕降临,天空腾升起五彩缤纷的礼花,这使得节日的夜晚更为热闹、更为艳丽。

复活节(Pasqua)是根据月亮的圆缺而定的,一般在三月二十一日至四月二十五日之间。复活节正值春暖花开时节,气候宜人,一般人们结伴去野外游玩。颇像我们这儿的春游或踏青。佛罗伦萨市(Firenze)在每年的复活节举行大型的民俗风味浓郁的庆典活动"爆车"(Lo scoppio del carro)。节日那天的上午,身穿传统服装的人们把一辆饰着佛罗伦萨市徽百合花(Giglio)、挂满烟花爆竹的木车抬到主教堂广场。正午十二点,当教堂的钟声响起时,一羽假白鸽通过事先做好的滑动装置从教堂飞向车顶,引爆木车。如果小白鸽绕一周后能回到原地,则象征着将为全城带来好运。此时,参加庆典的人们尽情欢呼,奔走相告这一振奋人心的好消息。

每逢圣乔万尼节(六月二十四日),佛罗伦萨市举行别开生面的传统足球赛(Il Calcio Storico):运动员们身穿十六世纪的古装参加比赛。赛前,身穿古代服装的仪仗队、乐队、舞旗手、裁判、教练员、运动员等浩浩荡荡从圣·玛利娅新教堂出发。他们敲着鼓、吹着号,边舞边唱,游行全城,最后来到举行比赛的圣十字广场。比赛的规则非常奇特,传球既可以用脚,也可以用手。奖品是一头牛。

每年的七月二日和八月十六日,锡耶纳(Siena)城在赛马广场举行街区之间的赛马(Il Palio di Siena)。赛马争的是一面绘有圣母像的丝织锦旗,获胜的街区得到的奖品就是这面锦旗。参加比赛的有十个街区,他们带着各自不同的街区标志和举着不同色彩的旗帜参加比赛。赛前,参加比赛的马先在教堂接受圣洗。然后,检阅穿着传统服装的仪仗队,舞旗手们则向观众献上一台精彩的耍旗表演。比赛的时候,马得沿着跑道跑三圈。赛后,赢得胜利的街区举行盛大的庆祝活动,邀请各国旅游者出席他们的露天晚餐,豪饮葡萄酒。

八月十五日是八月节,又称圣母升天节。八月节正值盛夏,人们借此机会去山上或海滨消夏。

每年九月份的第一个星期天,水城威尼斯举行传统的划船比赛(La Regata Storica)。比赛的船是用双桨划的。比赛的那一天,一艘艘装饰特别的威尼斯小船列队组成了船队仪仗队,浩浩荡荡地行驶在威尼斯的大运河上(Il Canal Grande)。大运河两岸是人山人海，人们在此争睹身穿古代服装的划船好手们的绝妙表演。划船比赛的场面非常壮观。

十一月二日是亡人节。这一天，人们前往公墓去扫墓，向已故的亲人献上一束黄菊花或白菊花。意大利人在这一天有喝新酿的葡萄酒、吃烤鹅和板栗的习惯。

全国性的节日还有四月二十五日的解放节、五月一日的劳动节、六月二日的国庆节等。除此之外，意大利每年都举办很多重要的音乐节、戏剧节、电影节等。

附录十六　意大利主要旅游参观景点

1. Roma　罗马：

La Basilica di San Pietro	圣彼得大教堂
I Musei del Vaticano	梵蒂冈博物馆
Il Castel S. Angelo	圣天使古堡
Il Colosseo	古罗马斗兽场
Il Foro Romano	古罗马广场遗址
La Fontana di Trevi	少女喷泉(往喷泉里扔一枚硬币,重返罗马的美梦一定能实现)
La Piazza Navona	那沃那广场
La Piazza Venezia	威尼斯广场
La Piazza di Spagna	西班牙广场
La Piazza del Popolo	人民广场
La Piazza del Campidoglio	冈彼多利奥广场

2. Firenze　佛罗伦萨：

La Piazza del Duomo	大教堂广场
La Cattedrale di Santa Maria del Fiore	鲜花圣玛利亚教堂
Il Battistero	洗礼堂
Il Campanile di Giotto	乔托钟楼
La Galleria degli Uffizi	乌菲齐宫画廊
La Piazza della Signoria	君主广场
Il Palazzo Vecchio	老宫(市政大厦)
Il Ponte Vecchio	老桥(以经营金银首饰而闻名于世)
Il Palazzo Pitti	比蒂宫
Il Piazzale Michelangelo	米盖朗琪罗广场

La Chiesa di Santa Croce	圣十字教堂
La Chiesa di Santa Maria Novella	圣玛利亚新堂
Il Museo del Bargello	巴吉罗博物馆
La Galleria dell'Accademia	艺术学院画廊

3. Venezia　威尼斯：

La Piazza San Marco	圣马可广场
La Basilica di San Marco	圣马可教堂
Il Palazzo Ducale	总督府
Il Ponte di Rialto	利阿多桥
Le Gallerie dell'Accademia	艺术学院画廊
Il Canal Grande	大运河
L'Isola di Murano	慕拉诺岛(玻璃制品闻名于世)
L'Isola di Burano	布拉诺岛(花边饰品)

4. Milano　米兰：

La Piazza del Duomo	大教堂广场
Il Duomo	大教堂
Il Teatro alla Scala	斯卡拉歌剧院
Il Castello Sforzesco	斯佛蔡斯科古城堡
La Chiesa di Santa Maria delle Grazie	圣玛利亚圣恩教堂
La Pinacoteca di Brera	布莱拉美术馆

5. Pisa　比萨：

Il Campo dei Miracoli	奇迹广场
Il Duomo	大教堂
Il Battistero	洗礼堂
La Torre Pendente	斜塔

6．Napoli　那不勒斯：

Il Golfo di Napoli	那不勒斯海湾
Il Museo Archeologico Nazionale	国家考古博物馆
Il Palazzo Reale	王宫
Il Castel Nuovo	新城堡
Il Vesuvio	维苏威火山
Pompei	庞贝古城遗址
L'Isola di Capri	卡帕里岛
L'Isola di Ischia	伊斯基亚岛

7．Verona　维罗纳：

Il Duomo di Verona	维罗纳大教堂
La Piazza delle Erbe	青草广场
La Piazza dei Signori	绅士广场
Il Castel Vecchio	古城堡
L'Arena	圆形露天剧场
La Casa di Giulietta	朱丽叶的故居

8．Sicilia　西西里岛：

Il Duomo di Palermo	巴勒莫大教堂
Il Palazzo dei Normanni	巴勒莫日尔曼古王宫
La Valle dei Templi di Agrigento	阿格里琴托古神庙群
Etna (Catania)	埃特纳火山(卡塔尼亚)
Il Teatro Greco di Siracusa	锡腊库扎古希腊露天剧场

9．Le Dolomiti　多罗米蒂白云石山：

（位于阿尔卑斯山东部与奥地利交界处，是滑雪、避暑胜地）

10. La Repubblica di San Marino　圣马力诺共和国：

La Basilica di S. Marino　圣马力诺大教堂

Il Palazzo del Governo　政府大厦

Rocca Guaita　卦伊塔城堡

La Rocca della Fratta　佛腊塔城堡

La Rocca Montale　蒙塔莱城堡

Il Museo Postale, Filatelico e Numismatico　邮政、邮票、古钱币博物馆

Il Museo-Pinacoteca　绘画陈列馆